KB234006

Simple Ways to Be More with Less

생활의 美學

본질찾기 지음

세이지

Prologue

언젠가 찾아올 행복이 아닌

지금 여기 있는 행복을 발견하는 삶

"삶의 본질은 밖에서 구하는 것이 아닌, 단순하고 반복적인 우리의 일상 안에서 스스로 찾는 것이다."

제 블로그의 프로필 문구입니다. 이 글은 제 삶을 관통하고 있는 가치관이며, 지향하는 인생의 모습입니다. 20대 때만 해도 나의 진짜 삶은 다른 곳에 있을 거라 생각했습니다. 반복되는 일상의 가치를 과소평가했던 시절이었지요. 결혼을 하고 30살 풋내기 주부 시절엔 살림의 팽창에 관심을 가진 적도 있습니다. 내가 좋은 것보다 남 보기에 좋아 보이는 것을 하려고 애쓰고, 공식화된 듯한 살림의 '테크닉'을 따라하다 보니 왠지 나와 맞지 않는 부자연스러움이 느껴졌습니다.

그러다 마흔의 나이를 눈앞에 두었을 때 조금씩 깨닫게 되었습니다. 모든 삶의 단계에서 기본은 지금의 '일상'이며, 그 일상은 누구의 것도 아닌 나의 것이라는 것을요. 인생의 절반, 터닝 포인트에 도달했으니 보다 깊고 의미 있게 살고 싶어졌습니다. 현재에 불만을 느낀 채 '언젠가 찾아올 행복'만을 기다리며 부족한 삶을 살기보다 지금 여기에서의 삶을 충만하게 살고 싶어졌던 거지요. 그 이후로 느려도 깊이 있게 즐기는 살림을 하려고 애쓰기 시작했습니다. 사는 공간을 물건으로 채우기보다 내면의 행복으로 꽉 채우는 삶을 살기 위해 노력했습니다. 그러다 보니 내 생활이 풍요롭다는 것을 조금씩 느끼기 시작했습니다.

저는 살림이나 요리를 특별히 잘하는 사람이 아닙니다. 살림 또는 요리를 한다는 것은 자신의 시간을 즐기고 그 과정을 따스한 시선으로 바라보며 그 안에서 깊이 있는 생의 가치관을 발견하려는 노력의 일부분이라 생각합니다. 결국 거창해 보이는 가치관, 사색의 행위도 반복적인 일상 속에서 탄생한 것이니까요. 그저 비우는 삶 속에서 남긴 자신의 소유물에 애정을 갖고 가꾸어주고, 가족에 대한 사랑을 담아 음식을 만드는 것이 살림을 잘하는 것이요, 요리를 잘하는 것이 아닐까 생각합니다. 최고의 삶은 남 보기에 좋도록 꾸며놓은 삶이 아닌 '내가 좋은 대로, 내 방식대로 사는 삶'이라 생각합니다.

이 책은 특별한 사람의 특별한 일상이 아닌 평범하기 이를 데 없는 저의 일상 모음집입니다. 비우고, 요리하고, 살림하며 만난 일상의 소소한 일들을 조금은 깊게 바라본 이야기입니다. 저는 이 글을 통해 독자분들이 '아, 나의 평범한 일상도 참 아름답고 좋은 삶이구나' 하며 되돌아볼 수 있었으면 좋겠습니다. 현재 머무는 지금 그 자리를 따뜻하게 매만지고, 열심히 하루를 가꾸며 살아가는 자신을 맘껏 칭찬하는 데 도움이 되길 바랍니다. '생활의 美學'을 만들어가는 주체는 자기 자신이니까요.

지로 하여금 충만한 삶을 살게 해준 원동력은 가족이었습니다. 비우고 비워도 절대로 비울 수 없는 것, 내 삶의 마지막까지 남는 것은 '가족'입니다. 이것이 여태까지의 제 삶 속에서 확신할 수 있는 단 하나의 명제였습

니다. 오직 가족만을 위해 한평생을 알뜰하고 정직하게 살며 제게 살아있
는 지혜를 주시는 엄마. 환갑이 되시던 해, 거창한 잔치보다 딸이 직접 골
라준 시집 세 권만 있으면 아무것도 필요 없다며 책 세 권에 행복해 하셨
던, 사무치게 그리운 내 아버지. 그리고 반복되는 삶 속에서도 늘 제게 영
감을 주는 남편과 아들에게 감사와 사랑을 전합니다.

사랑합니다, 내 가족을. 그리고 그들과 함께 살아가는 내 삶을.

2016년 가을
분당에서

Chapter 01	春 봄

Chapter 02　　夏 여름

<table><tr><td>Chapter 03</td><td>秋 가을</td></tr></table>

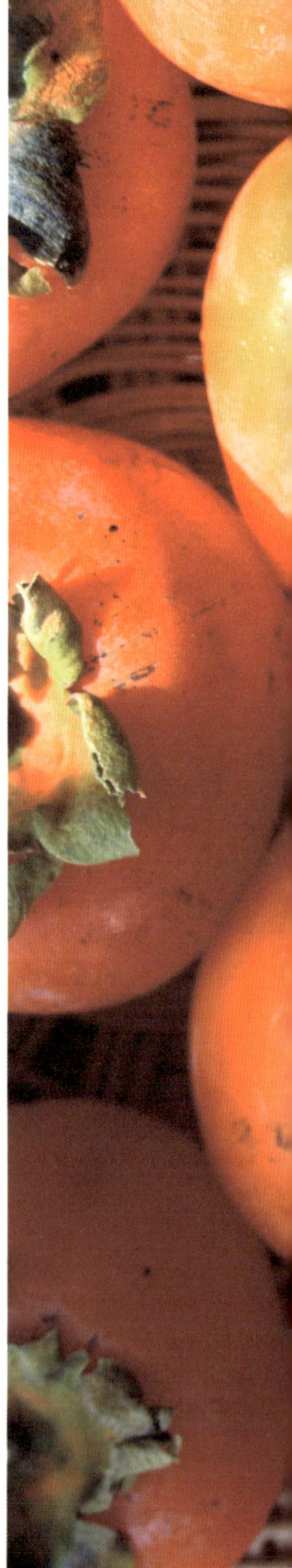

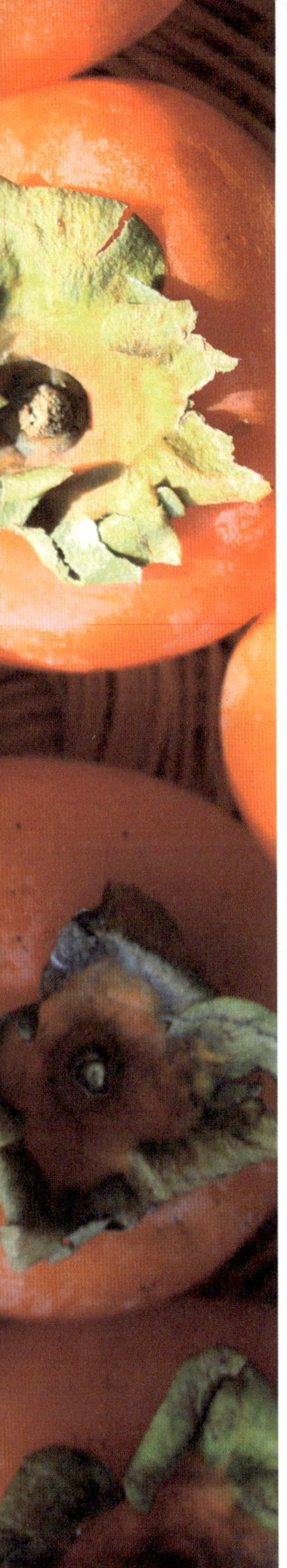

<table>
<tr><td>Chapter 04</td><td>冬 겨울</td></tr>
</table>

생활의 美學
Chapter
01
春
봄

일주일 동안 봄 대청소

청소는 항상 비우는 것으로 시작한다. 추운 겨울, 밖에 나가기 싫어 버리지 않고 쌓아두고 있던 물건들, 충동적으로 구입하여 버릴 날만 기다리던 물건들을 모두 추려내어 공간을 비운다. 그러고 나면 그만큼 바닥에 놓인 물건이 줄어들어 밀대와 청소기에 걸리는 곳 없이 청소하기가 수월해진다. 그런 후에 공간별로 내 손이 닿지 않는 곳 없이 구석구석 닦아나갈 수 있다.

대청소라 해도 하루 만에 모든 공간을 정리한다는 것은 버거운 일이라, 요일별로 의미에 맞는 공간을 나누어 정리해나간다. 살림하는 것은 늘 반복의 연속이라 하다 보면 어느 순간 싫증이 나기 쉬운데, 하나의 주제를 가지고 글을 쓴다는 생각으로 한 챕터씩 나누어 일을 하면 힘도 덜 들뿐더러, 일 자체에 의미를 부여할 수도 있다. 히구마 아사코의 책 《엄마의 일》에는 요일에 따라 집안일을 하는 내용이 나온다. 인상 깊어 이를 참고해 매일 실천하고 있다.

월요일엔 집을 밝혀주는 조명을 청소한다. 전등 커버와 전등갓을 분리해 묵은 먼지를 닦는다. 그리고 집안 구석구석 환한 빛이

月요일에는 빛을 내는 조명을, 火요일에는 불을 지피는 가스레인지를 청소한다.

들어오도록 창문을 닦는다. 깨끗한 걸레를 뜨거운 물에 담갔다가
꼬옥 짠 후 창을 닦으면 얼룩은 지워지고 남았던 물기는 열기에 자
연스레 사라진다.

화요일은 불을 지피는 가스레인지에 집중한다. 레인지의 코크와
삼발이를 떼어내어 눌어붙은 음식 찌꺼기를 솔로 벗겨내고, 오븐
과 그릴 내부를 베이킹소다로 닦아낸다. 기름때가 눌어붙은 레인
지 후드는 물을 받은 욕조에 베이킹소다를 푼 후 얼마간 담갔다가

水요일에는 물이 많은 욕실을, 木요일에는 나무 소재의 가구를 청소한다.

꺼내어 때를 닦아낸 후 햇볕에 말린다.

수요일은 욕실을 청소한다. 우선 바닥과 욕조, 세면대와 변기처럼 평소에도 자주 청소하는 곳을 닦는다. 평소에 손이 자주 가지 않던 배수구 뚜껑과 거름망을 모두 끄집어내어 베이킹소다에 물을 묻힌 칫솔로 힘주어 문질러 반짝반짝 윤을 낸다. 그리고 거울을 말끔히 닦은 후 마른 수건으로 물기를 훔쳐내어 마무리한다.

목요일은 가구와 방문, 문틀 그리고 모든 공간에 둘러쳐진 걸레

金요일에는 금속으로 된 전자제품을, 土요일은 현관과 베란다를 쓸고 닦는다.

받이 등 나무 소재의 물건을 청소한다. 청소기로 손이 닿지 않는 문틀 위쪽과 걸레받이에 내려앉은 먼지들을 빨아들이고 마른 행주로 부드럽게 매만지듯 표면을 닦아낸다. 그리고 나무 소재의 가구 문짝도 닦아주고 넓은 마루는 밀대로 닦는다.

금요일은 금속으로 만든 전자제품에 집중한다. 마른 걸레로 세탁기와 냉장고, 텔레비전 같은 전자제품에 묻은 지문이나 얼룩, 찌든때를 싹싹 벗겨낸다. 청소를 마치면 텔레비전, 컴퓨터, 세탁기 모두 금속 본연의 반짝이는 표면을 되찾는다.

토요일은 현관과 앞뒤 베란다를 쓸고 물청소를 한다.

마지막으로 일요일은 따스한 봄 햇볕을 쐬며 나른한 휴식을 취하는 것으로 길었던 대청소의 작업을 마무리한다. 일요일은 원래 쉬는 날이니까.

모든 것이 자리를 잡고 나면 비로소 새로운 계절, 봄을 맞이할 준비가 끝났다는 생각이 든다. 겨울을 예의 바르게 환송하고, 온 집 안에 새 봄을 들일 의식을 끝마친 셈이다. 이제 집 구석구석에 봄볕과 봄바람이 머무를 길을 터놓고 봄이 오기만을 기다린다. 이렇게 말끔한 융단을 깔아주었는데, 봄도 신이 나서 걸어오지 않겠나.

꼭 필요한 것만 남기는 부엌

부엌만큼 다양하고 잡다한 물건들이 많은 곳도 없다. 먹는 것을 담당하는 공간이니 식재료를 보관하고, 다듬고, 씻고, 조리하고, 담아내는 데 필요한 모든 것들이 부엌 안에 들어 있다.

백화점이나 시장에서 나를 유혹하는 그릇과 냄비, 주방용품들. 예뻐서 사고, 꼭 필요한 것이라고 스스로 최면을 걸어 사고, 다른 사람들도 가지고 있는 것 같아 사다 보면 어느 순간 살림들이 늘어나 있다. 수납할 공간은 부족하여 꾸역꾸역 싱크대 안으로 구겨넣게 되는 지경에 이른다. 그래서 정기적으로 살림 비우기를 할 때면 부엌을 세심히 살피며 점검을 하게 된다.

요리하는 것, 빵 굽는 것, 그렇게 만든 음식으로 지인들 대접하는 것을 좋아하다 보니 주방용품에 관심이 많은 편이었다. 하지만 살다 보니 신혼 초에 비해 손님을 여럿 초대하는 횟수가 점점 줄어들고, 그릇이 필요하다면 친정에서 빌려 사용해도 될 일이었다. 제빵도구도 자주 굽는 것은 정해져 있어 제과점을 차리지 않는 이상 굳이 갖추지 않아도 될 것들이 대부분이었다.

비우기 전과 후
자리만 차지하고 1년에 한 번 쓸까말까한 화려한 손님용 그릇들은 정리하고
자주 사용하는 찻잔과 접시만 남기니 그릇장에 여유가 생겼다.

그래서 그릇을 하나하나 과감히 정리해나가기 시작했다. 그릇 자체의 무늬가 화려해 담긴 음식을 죽이는 그릇이나, 구색을 갖춰야 한다는 강박관념 때문에 세트로 모아오던 것들은 중고로 팔거나 나누었다. 그렇게 오랜 시간에 걸쳐 하나둘씩 비우다 보니, 싱크대 그릇장을 채우고 있던 그릇들이 점점 줄면서 세 식구가 밥을 먹는 데 필요한 그릇만 남게 되었다.

현재 상태를 유지하며 살다 보니 지금 사용하는 그릇을 제외하고 정말로 '꼭 필요한 것'은 없다는 확신을 갖게 된다. 대신 남겨진 그릇들은 손님용으로 써도 무방할 만큼 질 좋은 것으로 갖추고, 가족은 최고로 대접한다는 생각으로 밥상을 차린다.

비우기 전과 후
집에 손님이 올 때를 대비해 마련해두고 쓰지 않던 그릇들은
가족의 식생활을 중심으로 최소한의 것들만 남기고 모두 정리했다.

우리집에 손님을 초대할 땐 간단하게 다과상을 차려 차를 마시는 경우가 많았다. 그러나 다과를 위한 모임 역시 3~4명 정도의 적은 인원으로 단출한 모임을 갖는 경우가 잦았다. 그래서 적은 인원 수에 맞춘 식기들 외에 불필요한 다과용 접시와 찻잔들을 정리했다. 그렇게 싱크대 상부장의 한 칸을 또 비웠다.

여러 해 음식을 만들다 보면 조리도구도 주로 사용하는 것이 있게 된다. 몇 개만 집중적으로 사용하고 다른 것에는 거의 손이 가지 않게 된다. 편리함을 무기로 나오는 도구들도 내 손에 익지 않으면 사용할 일이 없었다.

가지고 있던 프라이팬은 네 개에서 자주 쓰는 두 개만 남겨두었다. 조리도구가 주렁주렁 걸려 있던 주방 벽도 예전보다 훨씬 헐렁해진 느낌이 들 만큼 물건을 줄였다.

마지막으로 눈이 간 곳은 전자제품이었다. 작업을 편리하게 해주며 시간을 단축시켜준다는 명목으로 나온 주방가전은 다양하지만 실제로 자주 사용하는 제품은 몇 가지나 될까. 사용한 후 설거

비우기 전과 후

싱크대 하부장을 가득 채웠던 프라이팬은 손에 익는 두 개만 남겨두고 처분했다.

비우기 전과 후
프라이팬과 여러 조리도구가
주렁주렁 걸려 있던 주방 벽도
자주 쓰는 도구만 남기고 모두 비웠다.

지가 번거로워 쓰지 않거나, 부피 또한 만만치가 않아 수납하는 데도 어려움이 많았다. 그래서 밥을 해먹기 위한 전기밥솥과 재료를 다지고 섞는 데 필요한 푸드프로세서, 전기주전자만 남기기로 마음먹었다. 그리고 마지막까지 고민한 전자레인지와 토스터도 결국 비우기로 결심했다.

전자레인지는 얼린 밥을 데우고 해동하기 위한 용도로만 사용했던 터리 그때그때 밥을 해먹고, 남은 밥은 보온 상태로 넣어두는 것만으로도 충분했다. 그렇게 나의 조리 습관을 되돌아 보니 덩치 큰 전자레인지를 사용하는 일이 많지 않았다. 토스터 역시 집에 있

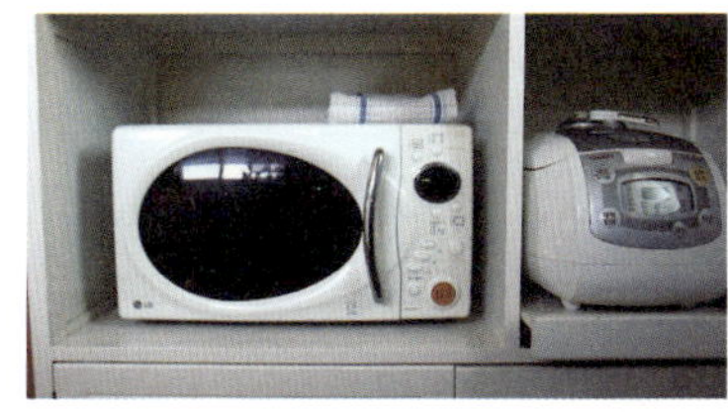

비우기 전과 후
밥을 데우거나 해동 용도로
사용하던 덩치 큰 전자레인지도
고민 끝에 비워냈다.

는 석쇠를 이용해 빵을 구우니 더 바삭하니 맛있었다. 그렇게 부피 큰 전자레인지와 어쩌다 한번 사용하는 토스터까지 비워내니, 주방 싱크대와 아일랜드장이 한결 여유로워졌다.

이렇게 적은 그릇과 조리도구를 가지고 과연 요리를 제대로 할 수 있을까 걱정스러울 수도 있겠다. 그러나 많은 도구를 가지고 있을 때보다 지금 훨씬 더 다양한 요리를 하고 있는 데도 불편이 없다. 도구의 가짓수가 많아야 요리하는 것이 편하고 즐거운 것도 아니요, 음식의 맛이 좋아지는 것도 아니었다.

주방도구도 옷과 비슷했다. 옷도 품질 좋은 기본 아이템을 갖추

비우기 전과 후
늘 식탁 위에 한자리를 차지하던 토스터기를 처분하고
벽에 걸려 있던 와인 선반도 떼어내니 식탁 위가 시원해졌다.

고 있으면 가진 것만으로도 충분히 멋을 내며 살 수 있다. 주방도구도 가장 필요한 것들을 좋은 것으로 골라 갖추고 있으면 그것만으로도 얼마든지 풍요로운 음식을 만들어낼 수 있다.

'있을 것이 다 있다'라는 말 자체는 의미 없이 공허하다. 만족이란 것은 있을 것이 다 있어서 만족스러운 것이 아니라, 만족하는 법을 알기에 만족하는 것이 아닐까.

내가 사랑하는 주방도구

간소한 삶을 추구하기에 주방에서 사용하는 물건은 내 손에 가장 익고, 나의 생활 패턴에 가장 어울리며, 오랜 시간이 지나도 질리지 않는 것이어야 한다. 엄마에게 물려받아 지금껏 사용하는 물건부터 새로 구입한 물건까지, 들일 것은 들이고 비울 것은 비워가며 갖춘 최정예 도구들이기에 어느 하나 소중하지 않은 것이 없다.

그 중에서도 유독 내게 사랑받는 도구가 바로 채반이다. 환경에 별로 좋을 것 없는 플라스틱 채반보다 대나무와 같은 자연 소재로 만든 채반을 더욱 좋아한다. 결혼할 때 친정에서 살 몇 개가 부러진 커다란 대나무 채반을 가져오면서부터였다. 처음엔 엄마의 정취가 묻어있는 듯한 정겨운 느낌이 들어 가지고 있었던 것이, 볕이 잘 드는 집으로 옮기고부터는 사계절 내내 야채부터 그릇까지 말리느라 쉴 틈이 없어졌다.

사람이 직접 댓살을 꼬아가며 만든 수공예품이라는 점도 좋지만, 플라스틱 소재보다 훨씬 튼튼하고 질겨서 잘 말려만주면 대를 물려 써도 될 만큼 오랫동안 사용할 수 있다. 사용한 후 바람이 통

하도록 걸어 말려주면 곰팡이도 슬지 않고 위생적이다. 채반 하나
하나 엮여진 모양마저 섬세하고 아름다우니, 사랑하지 않을 수 없
는 도구다.

 주방에서 사용하는 또 다른 애장품을 꼽으라면 망설임 없이 제
빵도구들을 꼽을 것이다. 빵 굽기를 즐겨하는 터라 기본적인 제빵
도구들을 갖추고 있지만, 막상 들여다 보면 머리를 갸웃거릴 만큼
종류는 그리 많지 않다. 계량을 위해 꼭 필요한 저울과 식힘망, 타
르트틀 한 개와 미니머핀틀 한 개, 그리고 밀대 하나가 전부다. 거
기에 제빵을 좋아하는 이들의 로망이라 불리는 고급 반죽기 대신

자그마한 핸디믹서기로 반죽과 거품내기는 모두 해결한다.

　신혼 무렵 잘 모르는 상태에서 이것저것 사들였던 도구들은 시간이 지나며 늘 해먹는 빵의 종류가 파악되어감에 따라 하나하나 정리가 되어 지금 도구들만 남았다. 이것만으로도 케이크와 타르트, 머핀과 마들렌, 미니타르트와 쿠키, 모닝롤과 시나몬롤을 비롯한 모든 발효빵을 만들어왔다. 이 도구들을 이용해 내가 만들어온 빵을 가족들도 제과점에 갈 필요가 없다며 맛있게 잘 먹으니 개수가 적어도 열일을 해내는 이 기특한 도구들에 애정을 쏟을 수밖에.

　내가 좋아하는 도구들은 하나의 도구로 여러 가지 역할을 한다는 특징이 있다. 그 중의 하나가 법랑 재질의 밀폐용기다. 보통은 밑반찬을 만들어 담는 용기로 사용하지만 법랑용기는 오븐에

서도 사용이 가능하다. 빵을 구울 때면 빵틀로 쓸 수 있는 장점이
있다. 주로 큰 통은 식빵틀로, 작은 통은 미니 파운드케이크를 구
울 때 사용한다. 거기에 위생적이고 튼튼하면서 가벼우니 여러모
로 기특한 물건이다.

비슷한 이유로 좋아하는 또 하나의 물건이 석쇠다. 직화구이 특
유의 구수한 향과 맛도 매력적이며 야채나 가래떡을 곧바로 구
워 먹어도 좋다. 토스터를 없앤 후부터는 여기에 식빵을 굽는 일
도 많아졌다. 앞뒤로 한 번씩 뒤집어주기만 하면 되니 토스터에

비해 크게 번거롭지 않은 데다 석쇠에 구운 빵맛도 좋다. 그래서 요즘 야채구이뿐 아니라 토스터의 역할까지 모두 해내는 석쇠라는 도구에 점점 더 많은 애정이 간다. 간소하게 살고자 한다면 다양한 역할을 하는 영리한 도구를 질 좋은 것으로 갖추는 것도 좋은 방법이다.

좋은 주방도구, 애정이 가는 주방도구는 그 자체의 가격이나 유행과는 별개였다. 가장 중요한 것은 손에 익는 것이다. 손에 익는다는 것은 즐겨 먹는 음식을 파악하고 그것들을 만들어내는 데 필요한 도구들을 자주 활용한다는 의미다. 비싼 돈을 주고 사지 않았어도 부엌 안에서 쓰이지 않은 날 없이 손이 가는 물건이 가장 가치 있고 소중한 도구였다.

봄철에 딱 한 번 담그는 오징어 젓갈

5월이면 나오기 시작하는 오징어는 작고 부드러워 젓갈로 담그기에 좋다. 오징어를 금세 먹을 만큼만 사서 젓갈로 담그곤 한다. 아무리 염장식이라도 너무 많이 만들면 남게 되고, 방부제를 넣지 않아 오래 보관하기 어렵기에 조금 아쉽다 할 정도로 담근다.

밥맛이 없거나 딱히 내놓고 먹을 만한 반찬이 없을 때 젓갈 하나만 있어도 밥 한 끼를 해결할 수 있어 든든하다. 짭조름한 맛 때문에 밥 한 숟가락에 소량만 얹어 먹으면 되니, 조금만 담가두어도 꽤나 많은 끼니를 해결할 수 있는 알뜰한 반찬이기도 하다. 때문에 점점 날이 더워져 불 옆에 서서 반찬 만드는 것이 성가시게 느껴질 때쯤 오징어 젓갈을 만들어둔다. 나도 조금은 게으르고 싶어서.

갓 나온 싱싱한 오징어를 얇게 채썰어 굵은소금과 청주에 버무린 후 냉장고에 사나흘 둔다. 그렇게 절여둔 오징어를 소금기와 물기를 닦아낸 후 고춧가루, 파, 마늘, 물엿 등으로 만든 양념장에 무친다. 쪽파 썬 것과 편으로 썬 마늘을 버무려 소독한 병에 담아 냉장고에 집어넣으면 완성이다.

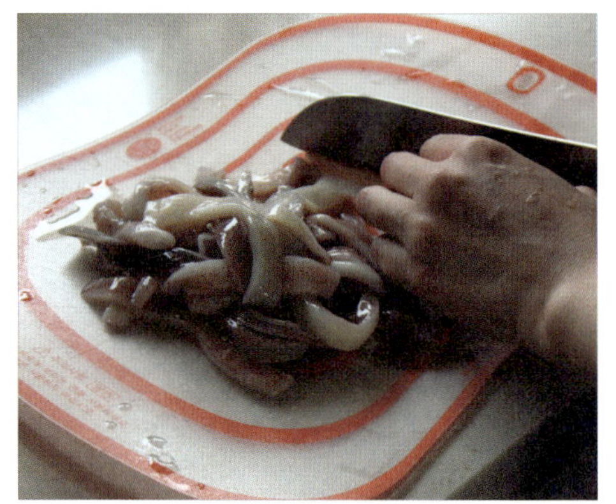

작은 병 하나지만, 냉장고 안에 자리를 잡고 있다는 것만으로도 마음이 이미 든든하다. 밥 한솥 달랑 지어 오징어 젓갈 하나 턱 하고 식탁 위에 올려놓으니, 맛있다며 쓱쓱 밥을 비운다. 냉장고를 열었을 때 젓갈이 떡하니 자리 잡고 있으면 이걸로 2주치 기본 반찬 하나는 해결했구나, 하며 안도의 한숨을 쉬게 된다. 봄철에 딱 한 번, 딱 한 병이지만 매년 젓갈을 담그는 이유다.

딸기잼 만들기

컬러테라피라는 것이 왜 있는지, 가끔 딸기를 보면 고개를 끄덕이게 된다. 자연이 주는 선명한 천연색은 꽃이든 과일이든 우리에게 큰 활기를 준다. 장보러 가는 길에 딸기 두 상자를 사왔다. 집에 와서 베이킹소다를 푼 물에 딸기를 담근 후 흐르는 물에 깨끗하게 씻어주었다. 연약한 조직이라 행여 뭉그러질까 아기 다루듯 살살 매만지며 물에 씻고 있으면 점점이 박힌 씨가 까칠하니 손에 만져진다.

물기를 빼놓은 딸기는 하나하나 꼭지를 딴 후 손으로 조물락 조물락 으깬다. 그리고 동량의 설탕과 레몬즙을 짜 넣은 후 뭉근한 불 위에 얹어 오래도록 젓고 또 젓고를 반복해야 한다. 심심하다며 딴 짓을 해서도 안 되고 잠시 잠깐 놔두어도 괜찮겠지 하며 방심하다간 눌어붙기 때문에 기다림과 인내의 시간을 견뎌야 한다.

거품을 걷어내며 한참을 젓다 보면 선명했던 붉은색은 차분한 단풍잎 빛깔이 되고, 주르륵 흐르듯 묽었던 액체는 끈적하니 걸쭉한 액체로 변해간다. 하지만 우리가 알고 있는 완제품 잼의 농도가

될 때까지 저으면 큰일난다. 그랬다간 다음날 '아~ 새로 만든 맛있는 잼을 빵에 발라먹어야지~' 하며 설레는 마음으로 병뚜껑을 열었다가 딸기맛 엿으로 변해버린 고체를 보게 되니 말이다.

완성된 딸기잼은 병에 곧바로 담고 뚜껑을 단단히 잠근 후 거꾸로 뒤집어 식을 때까지 놔둔다. 그러면 병 속이 진공상태가 되어 실온에 두어도 오랜 시간 보관이 가능해진다. 첫 개봉할 때 들리는 "뿅!"하는 경쾌한 소리도 보너스로 들을 수 있다.

당장 먹고 싶은 생각에 빵에 바를 여유도 없이 곧바로 한 스푼 떠서 입에 넣고 오물거렸다. 곱고 선명한 빛깔만큼이나 사랑스러운 맛과 향기. 사랑스럽다는 표현이 맞는 표현일까 고민하다 아무리 생각해도 그 외에는 어울리는 말이 없는 것 같다. 참말이지 딸기의 냄새는 사랑스럽다.

부엌 단짝, 가스오븐레인지 이야기

결혼 준비를 하면서 엄마는 다른 건 나 좋은 걸로 사더라도 가스
오븐레인지만큼은 엄마가 골라주는 것을 사라고 당부하셨다. 그
렇게 당부하시고 골라주신 것이 영국 캐논의 오븐레인지다. 어릴
적 영국에서 지낼 때 엄마가 사용하신 가스레인지가 바로 캐논 제
품이었기 때문이다.

영국에 체류하는 동안 사용한 이 가스오븐레인지를 엄마는 귀국
할 때 배편으로 부쳐서 한국으로 가지고 오셨다. 내가 어릴 때부터
결혼할 무렵까지 몇십 년을 사용하시면서도 고장 한번 일으킨 적
없던 가스오븐레인지였기에 무한 신뢰를 가지고 계셨다.

운명이었는지, 마침 가까운 백화점에서 입점도 안 된 캐논 제품
을 특별 할인판매를 하고 있는 걸 발견하시고는 별다른 망설임 없
이 사주셨다. 특별할인이라 해도 다른 것에 비해서는 비싼 가격이
라 엄마에게 미안한 마음이 있었으나, 오래 사용할 물건이니 이것
만큼은 특별히 좋은 것을 사라며 흔쾌히 사주신 것이다.

가끔씩 집에 지인들이 방문을 하면 가스레인지 뒤편에 붙어 있

는 만질만질한 판의 정체를 궁금해한다. 벽이 더러워지는 걸 막기 위해 직접 설치한 벽이냐면서. 그건 벽이 아닌 가스레인지의 덮개다. 불순물이 앉는 것을 방지하기 위해 삼발이 위로 덮을 수도 있고 일종의 밸브 역할도 한다. 뚜껑을 70도 각도로만 기울여도 레인지에 불이 들어오지 않는다. 며칠간 여행을 가게 될 때면 안전을 위해 뚜껑을 덮어놓는다.

씻고 자르고 다진 후 모든 과정을 거쳐 조리를 마무리짓는 해결사는 가스레인지다. 그래서인지 가스오븐레인지만큼 내가 애정을 듬뿍 주는 것도 없지 싶다. 15년간 한결같이 삼시세끼 밥상을 차

리는 데 지대한 공헌을 해온 덩치 큰 가스오븐레인지는 이젠 거의 나와 한몸같이 느껴지기도 한다.

겉보기엔 네모지고 덩치 큰 고철 덩어리인 이 물건에서 여태껏 개수로 헤아릴 수 없을 만큼 많은 반찬과 국, 찌개, 전골, 조림 그리고 빵과 과자, 케이크까지 만들어왔다. 영국서 한국까지 배타고 오느라 여기저기 부딪히며 몸이 상해 수명이 줄었을 거라는 것까지 감안해도 엄마가 25년을 사용하셨으니, 기술력이 발전한 이후 구입한 나는 적어도 50년은 고이고이 사용해야 하지 않겠는가. 앞으로도 이것에 의지하여 온갖 음식들을 만들어가면서 오래도록 한 식구로 남고 싶다.

봄볕에 그릇 말리기

적을수록 좋은 것이 물건이라면 넘쳐날 만큼 많아도 좋은 것은 햇볕이다. 그 좋은 햇빛이 넘칠 만큼 창문으로 쏟아져 들어오니, 봄만 되면 이것저것 말리느라 분주하다. 야채는 물론, 매일 음식을 담는 그릇도 볕 좋고 공기 맑은 날이면 일광욕을 시킨다.

겨우내 찬장 안에 갇혀 지내던 것을 꺼내어 채반에 가지런히 놓고 베란다 볕 좋은 곳에 놔두면, 청아한 옥빛 그릇은 밝은 햇살을 머금으며 반짝반짝 빛난다. 은은한 하늘빛 그릇에 창문 밖 하늘에 떠있는 구름이 비쳐 또 다른 하늘이 만들어진다.

이제 집에는 손님용으로 불리는 그릇이 없다. 조금씩 필요 없는 그릇을 비우다 보니, 찬장 안에는 딱 네 명이 둘러앉아 먹을 수 있는 밥그릇과 국그릇, 찬기와 접시만 남게 되었다. 남은 그릇들은 세심히 고른 질 좋은 것들로 손님이 아닌 우리 가족을 대접하기 위해 사용한다. 그리고 몇 안 되는 찬기와 접시들도 질박하게 빚은, 무늬 없는 단색의 도기에 연한 하늘색과 옥색, 은은한 흰색들이 대부분으로, 함께 놓아도 어색하거나 튀지 않는 것들로만 남

겨두었다.

그릇 자체의 빛깔이 강하거나 화려한 무늬가 새겨진 것은 담긴 음식을 압도해버리거나 어우러지지 못한 채 따로 놀게 된다. 스스로 빛나기보다 담은 음식을 돋보이게 해주고 함께 놓인 것들과 조화롭게 어울리는 그릇이 좋은 그릇이라는 것이 내 생각이다. 묵묵히 음식을 품어줄 때 그릇도 함께 빛이 난다. 타인을 압도하며 혼자 돋보이는 사람보다 조용한 가운데 늘 배려하고 포용하는 사람이 결국엔 누구보다 반짝이는 것처럼.

그렇게 자신이 소유한 물건엔 각자의 가치관이 묻어나는가 보

다. 그래서인지 우리 집 그릇들은 모두 겉보기엔 투박하고 밋밋해
보이지만, 내가 만들어내는 모든 음식을 정갈하고 맛있게 담아내
는 조용한 힘을 지니고 있다. 행여 깨질까 아기 다루듯 아껴가며
잘 사용하는 그릇들을 봄 햇살 잘 드는 날, 건강하게 소독시켜주
었으니, 우리 가족을 위해 만든 건강한 음식을 안심하고 담을 수
있을 것 같다.

여름이 걸어온다, 5월 햇마늘

5월이 되면 햇마늘이 나온다. 도심 외곽에 살았을 땐 마을의 농협 공판장에서 오랜 기간 보관이 가능한 마늘을 짧은 기간 동안 도매로 판매했다. 규모가 크지 않은 곳이라 햇마늘이 출하되는 날이면 줄을 서서 몇 접씩을 사가니 금세 동이 나곤 했다. 이사를 오고 난 후엔 보다 큰 농협에서 줄을 서지 않고도 원하는 만큼 마늘을 살 수 있게 되었지만, 여전히 오뉴월이 되면 마늘을 구입해 말리고 까는 것이 큰 행사다.

한두 접씩 사온 마늘을 채반에 넓게 펼쳐 베란다 양지바른 곳에 놓아두면 따스한 봄 햇살 아래서 바스락 소리를 내며 잘 말라 있다. 그때부터 마른 마늘들을 하나하나 알을 분리하여 껍질을 깐다. 처음엔 별 것 아니라 생각하고 속도를 내던 일도 시간이 지날수록 손끝이 아리고, 손가락에 쥐가 나고, 목이 뻣뻣해진다. 그러니 한꺼번에 다 해치우겠다며 욕심내기보다 천천히, 하루에 정해놓은 양만큼만 작업을 해야 한다. 귀찮고 성가셔도 욕심 부리지 않고 찬찬히 해나가야 나중에 탈이 없다.

그렇게 며칠에 걸쳐 껍질을 깐 마늘 중 일부는 푸드프로세서에 갈아 지퍼백에 담아 얇게 편다. 깍두기 모양으로 구획을 나누어, 다진 마늘이 필요할 때 곧바로 쓸 수 있도록 냉동시킨다. 나머지는 통마늘 그대로 냉동실에 보관한다. 마늘을 모두 간 후 냉동실에 넉넉하게 쟁여놓고 나면, 비로소 끝났다는 안도의 한숨과 함께 일 년 치 농사를 끝낸 것마냥 마음이 든든해진다.

prends
le

비우는 삶은 자연을 닮는 것에서부터

적게 소유하는 삶을 좋아하고, 필요한 것만 가지려 노력하다 보니 결국 관심이 가는 것이 '친환경'이다. 물론 나는 환경운동가도 아니요, 친환경적 생활에 대한 전문적 지식도 부족하다. 내가 실천하는 방식이 정답도 아니며, 그 안에서도 모순이 없다고 할 수 없다. 하지만 간소한 삶은 친환경과 맥을 같이 하고 있으며, 심플한 삶이 곧 지구 환경에도 도움이 된다는 것을 깨달았다. 그래서 일상에서 마주하는 작은 것들부터 자연에 가깝게 실천하려고 노력하고 있다.

가정에서 실천하기 가장 쉬운 방법이 일회용품의 사용을 줄이는 것이다. 대부분의 일회용품은 불에 태우면 유독가스가 발생하고 환경적으로 좋지 않은 재질이다. 그래서 첫 번째 실천단계로 여태까지 사용해왔던 일회용품 사용을 자제하고 있다.

부엌에서 자주 사용하는 일회용품은 랩과 지퍼백, 키친타올 등이다. 쓰기 쉽고 처분하기 편하다는 이유로 사용하다 보면 빠른 속도로 쓰레기 봉투가 꽉꽉 들어차게 된다. 그래서 일회용품을 쓰지

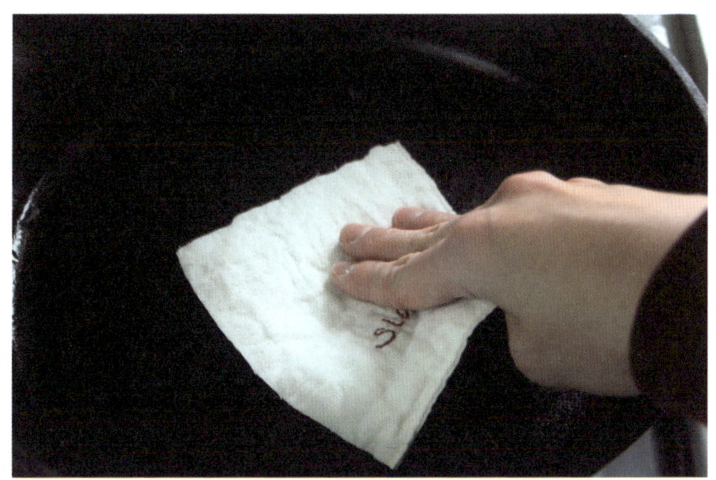

한 번 쓰고 버리는 키친타올 대신
낡은 옷이나 천 등을 잘라 키친타올 대용으로 사용한다.

않는 방법을 고민해 다음과 같은 방법으로 사용을 줄이고 있다.

비용을 들여 키친타올을 구입하기보다 서랍장에 있던 버릴 옷이나 천을 작은 크기로 잘라 여러 장으로 만들어 사용한다. 그것들로 팬에 남아 있는 기름이나 양념 등을 닦아내고 버리면 된다.

랩은 대부분 전자레인지를 사용할 때 음식이 마르지 않도록 그릇을 덮거나, 재료를 보관할 때 사용하게 된다. 이를 대신해 뚜껑이 있는 보관용기를 사용하고 뚜껑이 없는 용기일 경우 실리콘 뚜껑을 사용한다. 실리콘 뚜껑을 그릇에 덮어두면 그릇에 밀착되어 음식이 마르지 않고 씻어서 말리면 반영구적으로 사용이 가능하

뚜껑이 없는 용기의 경우 랩을 사용하기보다
실리콘 뚜껑을 그릇에 덮어둔다.

랩으로 포장된 육류는 포장된 랩으로 다시 감싸
재활용하는 것으로 랩 사용을 줄이고 있다.

다. 그렇게 하다 보니 랩 사용할 일이 확연히 줄어들었다.

고기를 구입할 때 마트에서 대부분 랩으로 꽁꽁 싸서 포장된 것을 판매하니, 비닐포장을 피할 수가 없다. 그런 경우 고기를 싸는 데 사용한 랩으로 다시 고기를 감싸 재활용한다. 동네 정육점에서는 고기를 곧바로 썰어주니, 그럴 때면 미리 육류를 담아두는 통을 들고 가서 통에 넣어 달라 부탁한다. 그렇게 해서 들고 온 고기는 통에서 꺼내 바로 조리하면 되니 쓸데없는 비닐포장을 줄일 수 있다. 이런 방법으로 비닐은 가급적 집에 들이지 않는다.

지퍼백은 다른 일회용품에 비해 가끔은 사용하게 되는데, 다 쓴 것은 거꾸로 뒤집어 물로 씻은 후, 말려 다시 사용함으로써 새로 구입하는 빈도를 줄이고 있다. 그렇게 우리 집 서랍에서 랩이 사

지퍼백이나 한 번 쓰고 버리기 아까운 일회용품은
씻어 스탠드 홀더에 건조시킨 후 재사용한다.

라졌다. 물론 호일도 구입한 지 1년이 넘었고, 지퍼백도 마지막으로 사용한 때가 언제인지 기억나지 않는다. 랩 없이 사는 것이 일상이 된 것이다.

집에서 사용하는 물건들을 가급적 나무나 유리, 스테인리스 같은 재질로 사용하는 것도 좋은 방법이다. 플라스틱은 분리수거하여 재활용이 가능한 재질이지만, 자연친화적인 삶에 있어 바람직한 재질을 아니란 결론을 내렸다. 뜨거운 음식을 담거나 보관하는데 적합하지 않으며, 오래 보관하면 플라스틱 특유의 냄새가 나는 등 위생상으로도 좋을 것이 없었다.

그래서 플라스틱 재질의 밀폐용기에 보관되어 있던 식재료들은 유리병에 옮겨 담았다. 반찬을 담는 통이나 도시락 통들도 스테인

레스나 법랑, 유리 등의 재질로 하나씩 바꾸었다. 그리고 늘 열에 닿는 주걱이나 요리 스푼들도 나무 재질로 사용 중이다. 비용적인 문제 때문에 한꺼번에 모든 것을 바꿀 수 없겠지만 조금씩 계획을 세우고 차근차근 바꾸어 나가고 있다.

장을 볼 때도 이런저런 상황에서 친환경적 태도를 적용해본다. 나는 장보는 것을 좋아한다. 장바구니 하나 들고 여기저기 돌아다니며 둘러보는 것도 좋고, 장을 보는 풍경에서 활기찬 에너지를 얻곤 한다. 아파트 입구를 나오면 과일가게가 있다. 조금만 더 걸으면 해산물과 농산물가게가 있고, 한 바퀴 꺾으면 정육점, 그리고 그 옆에는 생협까지 집 근처에서 필요한 식재료를 모두 살 수 있어서 대형 마트에 자주 갈 일이 없어졌다. 장바구니를 둘러메고 비닐과 플라스틱에 포장되어 있지 않아 향기를 솔솔 풍기는 과일들을 들었다 놓았다 하며 물건을 고를 수 있고, 상인들의 자부심도 느낄 수 있는 집 근처 상점에서 장보는 일이 즐겁게 느껴진다.

대형마트에는 없는 것이 없다. 구경하는 것도 재미있고, 나 역시 공산품을 묶음으로 살 때나 식자재를 대량으로 구입해야할 땐 마트에 간다. 대량으로 판매하는 만큼 싸기 때문이다. 하지만 생각해보면 세 식구가 먹는 음식을 사는 데 꼭 대형마트를 이용해야 할 일은 그닥 많지 않았다. 마트를 가기 위해 차를 몰고 가는 기름값, 주차 스트레스, 불필요한 충동구매 등을 생각하면 그렇게 저렴한 것 같지 않았다. 나 역시 창고형 대형마트의 회원권을 가지고 있긴 하지만 아들의 방학기간이 되어 식재료를 많이 사두어야 하거나 생활용품이 많이 필요할 때, 친정 엄마와 함께 구입하여 나누기 위해 가끔 한 번씩 가는 것이 전부다.

요즘에는 장바구니 사용이 완전히 정착되어 장바구니를 들고 다니는 사람들이 많다. 나도 자주 들고 다니는 가방에 튼튼한 원단으로 만들어진 장바구니를 한 개씩 늘 넣어둔다. 깜박 잊어 장바구니 대신 비닐봉투를 사용할 일을 만들지 않기 위해서다.

장을 보러 가면 세제나 커피를 비롯한 여러가지 품목을 리필용으로 판매하는 경우를 많이 볼 수 있다. 가장 좋은 방법은 비닐에 포장된 리필용품을 판매하는 것보다 커다란 통에 제품들을 넣어두고, 미리 소비자들이 준비해간 통에 퍼담는 것이다. 이미 유럽 등지에서는 이러한 판매방식이 이루어지고 있다고 한다. 아직 우리나라에서는 정착되지 않은 상태니, 가급적이면 부피만 크고 불필요한 플라스틱 통에 든 제품을 사기보다는 리필제품을 사는 것이 바람직한 듯하다.

알뜰장에선 바구니에 가격만큼의 과일을 쌓아놓고 비닐에 넣어주는데, 비닐대신 장바구니에 바로 담는다. 가까운 과일가게에서도 과일을 구입하면 바로 알맹이들만 장바구니에 넣어갖고 온다. 빵도 예외는 아니다. 이미 비닐 속에 넣어 포장해둔 빵을 또다시 비닐에 넣어 가져오지 않고 그대로 가방이나 장바구니에 넣어 들고 온다. 비닐로 포장하지 않은 빵은 별도의 빵 주머니를 가져가 포장 없이 담아오기도 한다. 내가 식빵을 살 때면 늘 비닐봉지 없이 그대로 가져가는 것을 잘 알고 있는 동네 제과점의 점원은 이제는 알아서 빵을 봉지에 담지 않고 건네준다.

익숙한 패턴을 바꾸고 그걸 유지하며 산다는 것은 어떤 관점에서 보면 도전이기도 하며 부지런을 요하기도 한다. 그리고 일회용 제품을 사용할 때면 한 번이면 끝날 과정이 몇 단계로 늘어나니, 친환경 생활에서는 편리함을 포기해야 하는 경우도 생긴다. 하지만 처음에는 신경을 써야 하는 것이라도 점차 자기 몸에 배어들고 습관화하다 보면 어느 순간 자연스럽게 그 생활을 이어가게 된다. 이것이 바로 인간이 가진 '적응 능력'인가 보다.

조금씩 행동을 바꾸며 살다 보니 비움은 친환경이라는 가치와 상호작용을 한다는 것을 알게 되었다. 가정 살림뿐 아니라 더 큰 것들에 일조하는 생활 방식이었다. 작은 것부터 실천하다 보면 몸

에 익어 친환경적 생활을 자연스레 해나가는 사람으로 거듭나 있지 않을까. 작은 몸짓 하나가 지구에 도움을 주고 그 긍정적인 순환고리가 또 다시 나에게 돌아온다고 생각하면 참으로 흐뭇하고 보람된 일이다.

침대에 봄옷 입히기

봄이 되니 이불을 건조대에 널 때 힘에 부칠 때가 있다. 몸도 계절의 변화를 감지했던 것인지 묵직한 이불들이 버겁고 무겁게 느껴진다. 이제 침대도 두꺼운 누빔 옷을 벗고 가벼운 옷을 걸칠 때가 되었다.

이불 커버를 바꾼다는 건 생각만큼 간단한 일이 아니다. 커버를 벗겨 빨고 새 커버로 갈아 끼우는 것만으로 끝나는 것이 아니다. 하루 시간을 오롯이 들여야 한다. 겨우내 콤콤하게 웅크렸던 솜을 건조시키고 맨살을 드러낸 침대 매트를 소독하는, 꽤나 큰 작업이다. 이불 빨래를 하기로 한 날 아침, 일찍부터 부지런히 이불 커버와 매트 커버, 그리고 베갯잇까지 벗겨내 세탁기 이불 코스로 빨래를 돌리기로 했다.

커버를 벗겨 보니 이불솜과 커버가 마찰을 일으키며 만들어낸 엄청난 먼지들이 뿜어져나온다. 어쩔 수 없이 마스크를 쓰고 베란다 문을 활짝 연 후 이불을 탕탕 두드려가며 솜에 붙어있던 먼지들을 날려 보낸 후 이불솜을 건조대에 쫙 펼쳐 실컷 봄볕을 보게

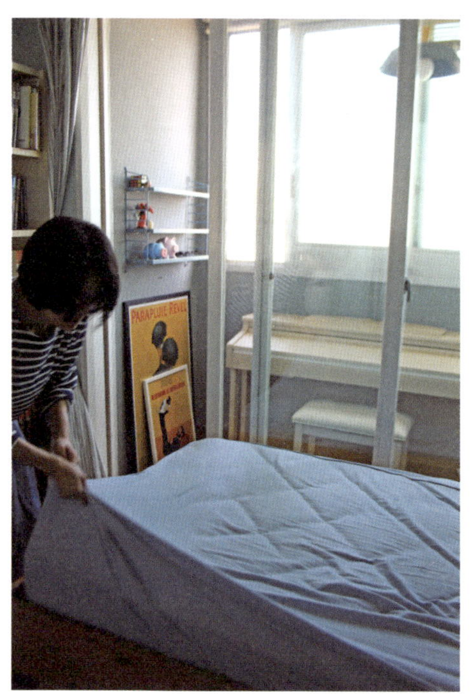

뇌두었다.

커버를 벗겨낸 매트리스는 알콜수를 흠뻑 뿌려 소독을 시킨다. 그러고 나서 베이킹소다를 솔솔 뿌려 한동안 두었다가 청소기로 빨아들여 마무리를 지었다. 침대 매트리스는 커버를 바꿀 때마다 한 번씩 뒤집어 사용하는데, 어찌나 무거운지 한 번씩 뒤집어 돌리려면 사력을 다해 에너지를 짜내야한다. 한 해가 지날 때마다 점점 무겁게 느껴지는 매트리스. 그래서 침대 청소는 매년 내 힘의 건재함을 평가하는 척도가 된다.

매트리스와 이불솜이 새 옷을 갈아입을 준비를 모두 마쳤으니,

옷장에서 봄 커버를 꺼내들었다. 뭐든 적게 소유하며 사는 우리 집에선 이불 옷도 봄과 가을용으로 침대 두 개에 각각 두 세트씩 갖고 있다. 거기에 여름용으로 덮는 얇은 인견 이불 한 장이 전부다. 이렇게 침구의 개수가 많지 않으니 자주 세탁할 수는 없다. 대신 아침에 일어나면 건조대에 펼쳐 말리는 것을 매일의 습관처럼 하고 있다.

옷 갈아입힐 모든 준비를 마치고 나니 포근하게 감싸주었던 겨울 커버들이 목욕을 끝내고 나왔다. 빨래를 마친 겨울 커버들은 쫙쫙 펴서 건조대에 널어준다. 아침부터 부산 떨어가며 매트 소독에, 이불솜 소독에, 새옷 다림질까지 해준 후 침대는 파릇파릇한 봄빛의 때때옷을 입는다. 봄이 되어 혼수로 장만했던 이불커버를 씌우고 나면 마음이 덩달아 풋풋해지곤 한다. 화려하지 않고 잔잔하고 소박한 꽃무늬가 사랑스러운 안방의 침대. 딱 봄의 느낌이다.

옷이든 집안 살림이든 모든 것들은 '계절의 변화'라는 흐름과 늘 함께한다. 계절에 따라 함께 옷을 갈아입고, 집안의 분위기를 바꿔가는 건 우리가 일상에서 만들어갈 수 있는 소소하지만 의미 있으며 가장 인간적인 재미가 아닐까 싶다. 그러면서 생각한다. 우리나라처럼 사계절의 변화가 뚜렷한 곳도 많지 않을 텐데. 매년 이렇게 사계절의 변화를 경험하며 일상의 행복을 누릴 수 있는 건 얼마나 큰 축복인지.

누구에게도 해를 입히지 않고 묵묵히 때가 되면 게으름도, 거스름도 없이 자신의 순서에 맞춰 찾아오는 계절을 누리며 살고 있는 만큼, 뾰족하지 않고 순하게, 시끄럽지 않고 묵묵하게 살아가고 싶다.

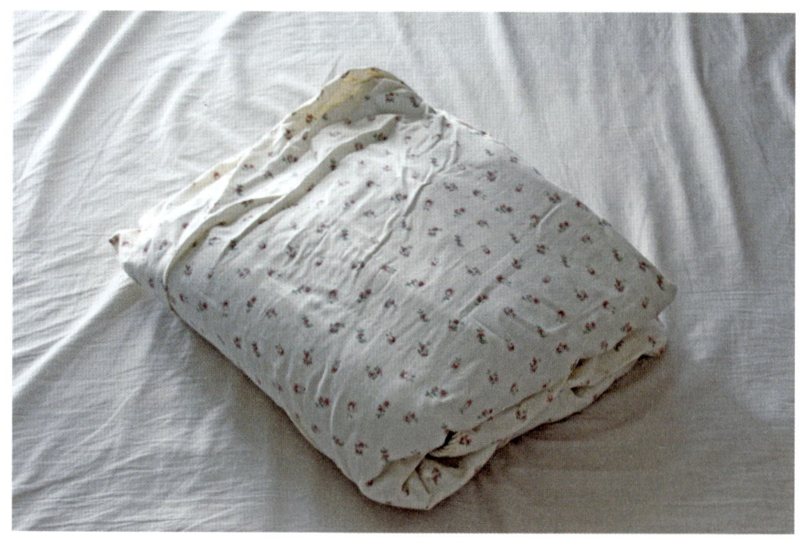

봄비를 기다리며, 베란다 물청소

마냥 기쁨을 주는 봄이지만 이따금씩 황사와 초미세먼지가 공기를 뒤덮어 우리를 숨막히게 한다. 비라도 와서 먼지들을 씻어주면 좋으련만, 언제부터인지 모르게 봄비 구경은 점점 하기가 어려워졌다. 세상이 많이 가물어 있다.

바깥세상만 가물었던 것이 아니다. 베란다도 물 구경을 해본 지 너무 오래되었다. 겨울엔 춥다고, 미세먼지가 불어올 땐 먼지 들어온다고 꼭꼭 걸어 잠가 물청소 한번 해본 지 오래다. 바짝 가물어버린 베란다라도 촉촉하게 적셔주면 화단의 풀들이 푸릇함을 되찾으려나.

오랜만에 베란다 물청소를 했다. 베란다의 문을 활짝 열고 본격적으로 물청소를 위한 도구들을 준비한다. 빗자루와 양동이, 물바가지 그리고 물청소에 없어선 안 될 파란색 고무 슬리퍼까지. 나무 벤치와 의자, 테이블, 그리고 화초들은 잠시간 베란다 양끝으로 몰아놓고 빗자루로 바닥을 쓸었다.

베란다 구석구석까지 싹싹 쓸어내니 그동안 쌓였던 시커먼 먼지들이 한움큼이 넘는다. 그 다음 양동이에 물을 가득 받아 청소 솔로 바닥을 박박 문질러준다. 황사까지 덮쳤던 그동안의 묵은 먼지들이 악착같이 눌어붙어 있다가 떨어져 나간다. 바가지로 물을 떠 솔로 문지른 바닥 여기저기에 물을 확확 뿌려주니 갈색 구정물이 파도를 이루며 휩쓸려간다.

청소를 마치고 나니 베란다 구석구석까지 모두 봄비가 흠뻑 내린 듯 젖어들었다. 그런데 참으로 신기한 일이다. 흙으로 덮인 자연의 땅이 아닌 시멘트로 깔아 허공에 붕 띄운 인공의 바닥인데도 물을 끼얹어 흠뻑 적시니 비온 후 흙에서 올라오는 젖은 대지의 냄새가 난다.

익숙한 땅의 냄새를 맡으니, 비단 메마르고 뿌연 먼지 쌓인 땅만 젖어드는 것이 아니었다. 황사를 피하겠다며 문을 걸어 잠근 채 침침해져있던 내 마음까지도 함께 촉촉해졌다. 물로 온 바닥을 쓸어내며 청소를 해주니 바닥뿐 아니라 공허하게 느껴졌던 내 마음도 깨끗하게 닦여나가는 것 같다.

문득 교보문고의 입구에 걸려있던 박남준 시인의 시 '깨끗한 빗자루' 속 한 구절이 떠올랐다.

환하다 봄비
너 지상의 맑고 깨끗한 빗자루 하나

시의 아름다운 구절처럼 어서 세상의 빗자루, 봄비가 온 세상을 흠뻑 적셔 땅 위에 깔린 나쁜 먼지들을 쓸어주어야 할 텐데. 질척이도록 흠뻑 젖은 땅의 냄새가 그립다.

15년째 쓰는 가계부

봄이 되면 가벼운 마음으로 덩달아 가벼워진 가계부를 정리한다. 생활비에 가장 무거운 부담을 주는 난방비가 사라지니 말이다.

결혼한 후 매달 빠지지 않고 가계부를 습관처럼 써왔다. 수기로 작성하는 공책 가계부보다 신혼 초에 내가 엑셀로 틀을 잡고 조금씩 보완하며 지금의 형태로 가계부를 작성해왔다.

형식은 매우 간단하다. 1일부터 31일까지 수입과 지출내역을 기입할 수 있는 표에 금액을 채우면 한 달 쓴 금액이 총합에 뜬다. 또 자동이체 결제일과 카드 결제일을 기입하는 표와 관리비 표도 따로 만들었다. 카드비나 아들 학원비와 같이 자동이체되는 내역을 체크하고, 전기료와 수도, 난방비의 사용량과 청구액을 기입해 전월과 비교할 수 있게 했다.

엑셀 가계부는 간단하게 합계에 수식만 설정해놓으면 일일이 계산기를 두드려가며 계산을 하지 않아도 돼서 편리하다. 지출내역이나 저축내역이 생길 때마다 곧바로 잔액을 파악할 수 있기 때문에 현재의 자금 상황을 점검할 수 있다.

　생활비 통장도 별도로 만들어 쓰고 있다. 통장에는 그달에 필요한 생활비를 계획해 입금한다. 생활비 용도로만 사용하는 체크카드로 생활용품이나 식재료를 구입하고, 곧바로 통장에서 비용이 빠져나간 내역을 해당 날짜에 기입하도록 했다. 그러면 아래쪽 합계에 지출된 만큼의 금액이 계산되어 자동으로 잔액이 입력된다.

　다른 이에게는 불편할 수도 있지만 계속 진화되어 지금에 이른 가계부는 이제 나에겐 딱 맞는 최적의 형태다. 신혼 때부터 지금까지 줄곧 사용해왔고, 특히나 결혼한 후 내집마련 등을 위해 지금보다 더 절약했던 시절엔 이 가계부가 알뜰하게 살아가는 데 많은 도움이 되어주었다. 인터넷에서 가계부를 검색하면 다양한 프로그램과 서식을 구할 수 있다. 직접 계산기를 두드려 쓰는 것이 좋다면 서점에서 파는 다양한 디자인의 수기 가계부도 좋을 것이다. 자신의 지출 성향에 맞는 가계부를 만들어 늘 기입하는 습관을 들이면 가계 살림에 큰 도움이 된다.

덕분일까. 경비아저씨께서 지난 겨울 동안 난방을 포함하여 관리비를 많이 절감한 세대를 각 동마다 다섯 가구씩 뽑아 쌀 10킬로그램을 증정한다며, 우리 집이 그 세대에 포함되었으니 사인을 하라는 서류를 건네주셨다. 공짜로 쌀을 얻게 생겼네. 꾸준히 가계부를 적으며 알뜰히 생활하니 이런 재미도 찾아오는구나. 뭐든 처음 시작은 부담스럽고 성가시지만 습관을 붙이고 나면 어려울 것은 없다. 젊어서 가계부 작성하는 습관을 들인 건 참 잘한 일인 것 같다.

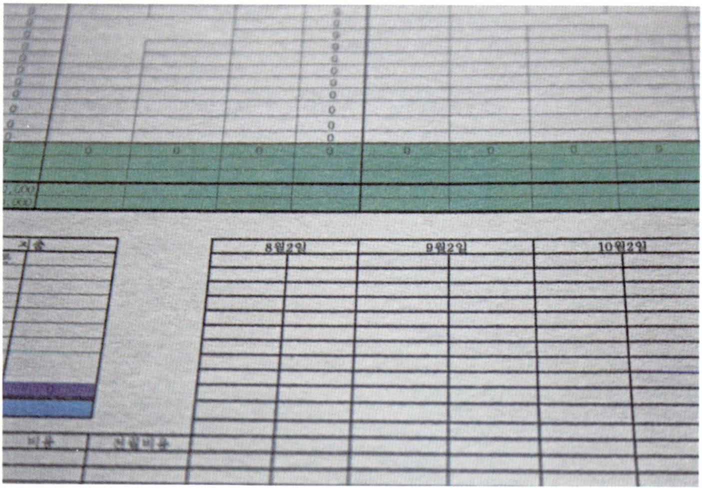

봄을 맞는 자수 벽화

나는 자연의 흐름에 따라 살아가기를 원한다. 인간도 결국 자연의 일부분이기에. 그래서 늘 절기에 따라 변화하는 자연의 현상에 민감하게 반응하며, 피부에 와 닿는 자연의 아름다움에 흥분한다. 야외에서 느낄 수 있는 자연의 변화를 집 안에 들여오고 싶어 계절이 바뀔 때면 행사처럼 벽화 꾸미기와 계절을 테마로 한 자수 벽걸이를 만들게 되었다.

유난히 길었던 겨울의 끝자락에 우연히 봄꽃을 주제로 한 벽걸이 자수키트가 눈에 띄었다. 수를 놓아 계절 벽걸이를 완성한 후 계절이 바뀔 때마다 내 나름대로 각 계절을 주제로 그림을 그려 수를 놓아 만들어 걸었다. 봄 자수 벽걸이에는 제비꽃, 벚꽃, 나비…… 생동하는 봄의 기운이 모두 담겨 있다.

자수 벽화의 첫 시작은 우습게도 아들 녀석이 새하얀 벽에 죽죽 그어놓은 낙서를 가리기 위함이었다. 벽 한구석에 검정 사인펜으로 낙서를 해놓았으니 얼마나 흉물스럽던지. 그러다 궁리 끝에 아들의 낙서를 따라 코바늘뜨기로 나무 기둥과 가지를 길게 떠서 붙

이고, 역시나 뜨개질로 작은 꽃을 만들어 아들이 써놓은 글자를 가렸다. 그렇게 장난처럼 시작한 것이 어쩌다 보니 변해가는 자연의 모습을 닮은 '살아 있는 계절 벽화'의 시작이 되었다.

봄이 오니 동네 벚나무에 연분홍빛 벚꽃이 마치 눈송이처럼 살포시 가지 위에 앉았다. 그래서 우리 집 벽화에도 연분홍빛 실로 꽃을 만들어 가지 위에 붙이고, 가지 사이사이로 앙증맞게 돋아나는 초록빛 여린 이파리도 만들어 붙여주었다. 앙상했던 하얀 겨울나무가 어느덧 화사한 꽃나무로 바뀌었다. 자신의 낙서를 가린 꽃잎들을 눈을 동그랗게 뜨고 구경하는 아들에게 "네 낙서 위에 예쁜 꽃이 앉았다"며 얼굴을 쓰다듬어주니 세상 어느 꽃보다 더 환하게 미소 짓는다.

감추고픈 결점도 따스하고 재미있는 시각으로 달리 보면 이렇게 색다른 아름다움으로 거듭날 수 있는 실마리가 되기도 한다. 단점이나 결점을 없애야 할 것, 숨겨야 할 것, 나쁜 것으로만 보지 않고 따스한 시선으로 보듬으며 바라보아야지. 그렇게 세상을 보다 보면 몸서리칠 만큼 싫었던 것들마저도 따뜻하게 품으며 지금보다 훨씬 더 재미나게 살 수 있을지 모르겠다.

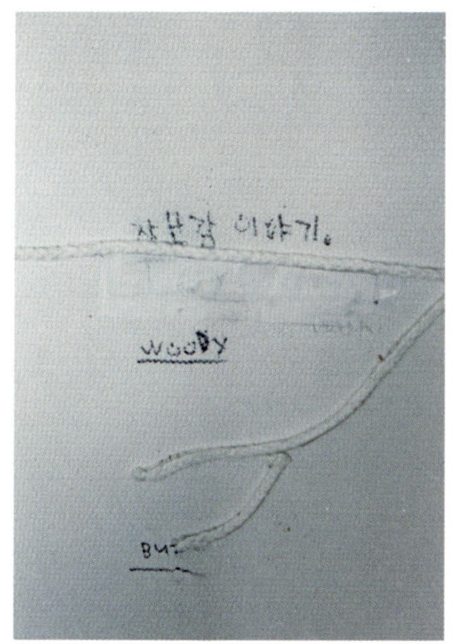

아들이 벽에 죽죽 그어놓은 낙서 위에 봄꽃이 피었다.

앵두와 경비아저씨

어느덧 시간이 지나 봄도 끝자락에 와 있다. 날은 더워졌지만, 쨍하고 비치는 햇빛과 이따금씩 흠뻑 뿌리는 비, 공중에 떠다니는 습기에 사람은 허덕거릴지언정, 나무들은 힘을 받아 더욱 짙은 초록빛을 만들고, 잎사귀 사이사이에선 예쁜 열매를 맺는다.

우리 동네 경비아저씨는 늘 부지런히 일하신다. 커다란 싸리빗자루로 보도블록을 쓰시고, 주민들이 내놓은 분리수거 물품들 하나하나를 다시 정리하신다. 작은 화초들이 옹기종기 모여 있는 화단에 물을 뿌려주시기도 하고 또 다른 묘목, 모종을 심으시곤 한다. 지어진 지 오래된 아파트라 나무가 많이 우거져 있기도 하지만, 우리 동 앞 화단이 그토록 풍성하고 건강한 것은 아저씨 덕분이란 생각을 하게 된다.

우리 동 화단에선 철마다 다른 열매들이 열려 지나다니는 사람들에게 즐거움을 안겨준다. 여름엔 맵지 않은 아삭한 고추들이 경비초소 앞에 주렁주렁 매달리기도 하고, 가을이 되면 길쭉한 수세미와 잘 익은 감이 대롱대롱 매달려 내게 즐거움을 준다. 그리고 늦봄에서 초여름 무렵엔 빛 고운 앵두가 초록빛 사이로 선명한 빨간색 자태를 뽐내며 콕콕 박혀있다.

아저씨의 부지런으로 주민들까지 즐거워지니, 그것만으로도 참 감사한 일이다. 그런데 그뿐만이 아니다. 철따라 새로이 열리는 열매들은 고스란히 우리 동 주민들의 몫이 된다. 주렁주렁 풍성하게 열매들이 결실을 맺고 나면, 아저씨는 주민들에게 원하는 만큼 열매를 가져가도록 허락해주신다. 올 여름 들어 첫 번째로 열린 열매, 앵두도 빨갛게 익자마자 소독까지 마치고 주민들에게 갈 채비를 마쳤다.

가을이 되면 감을 따 수북이 바구니에 담아서는 주민들이 드나드는 현관 입구에 놔두실 테고, 고추가 열려 눈썰미 좋은 주민들이 잎사귀 사이사이에 수줍게 숨어있는 고추를 발견해 "따가도 되냐"고 물으면, "독차지만 하지 않으시면 몇 개씩은 괜찮다"며 흔쾌히 허락하시겠지. 그렇게 우리는 철마다 아저씨에게서 훈훈한 선물을 받는다.

제아무리 앵두 맛이 새콤달콤할지라도 그 향기가 사람에게서 풍겨오는 훈훈한 마음만큼 강하고 오래가겠는가. 늘 받기만 했으니 조만간 과자라도 구워 아저씨께 나눠드려야겠다.

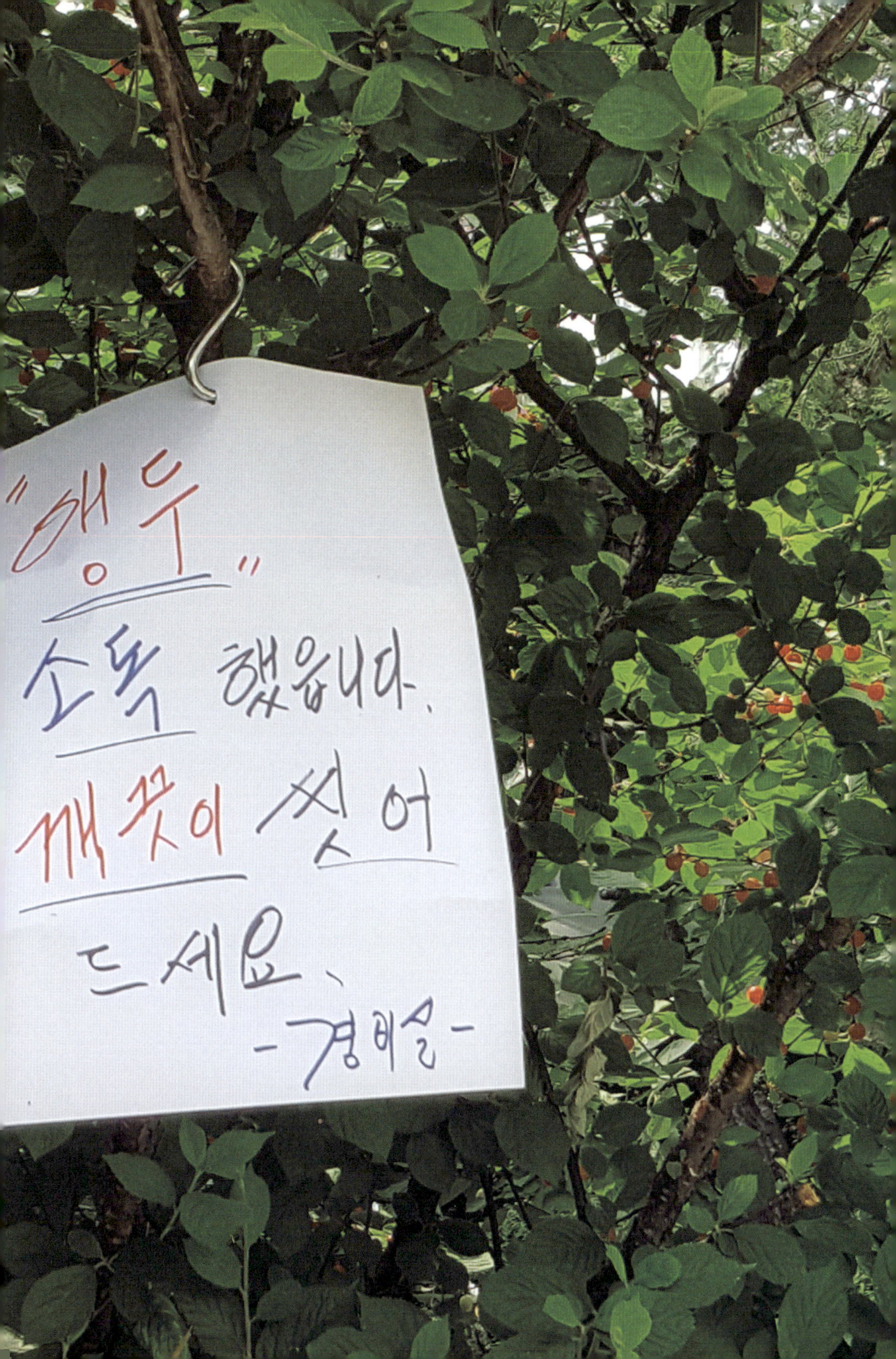

"앵두"
소독 했읍니다.
깨끗이 씻어
드세요.
-경비실-

My Favorite
Utensil

계획에 따라 물건을 구입하려 해도, 어쩌다 보면 뜻하지 않게
계획 없이 물건을 사는 경우가 있다. 그런 경우 거의 대부분은
후회를 하게 되지만, 의외로 편리하여 만족하며 지금껏 사용하는 물건들도 있다.
물론 계획 하에 사들여 만족하며 쓰는 것이 가장 좋겠지만 말이다.

르쿠르제 무쇠솥

인터넷으로 구매한 후 배송돼 온 실제 크기를 보고 너무
크고 무거워서 놀라 실망했던 물건이었다. 처음엔 난감했던
물건이었지만, 식구가 늘면서 지금은 자주 쓰게 된 실한 솥이다.
지름이 워낙 넓어 여름에 옥수수를 좋아하는 가족들을 위해
옥수수 여러 개를 한꺼번에 삶아도 충분히 다 들어가고, 만두를
여러 개 쪄낼 때도, 찐빵을 찔 때도 개수에 구애받지 않고
얼마든지 한 번에 쪄낼 수 있다. 거기에 크기가 큰 수육을 삶을
때도 빛을 발하는 효자품목이다. 필요 없다고 비울까 여러 번
고민을 했던 솥이지만, 비우지 않고 가지고 있기로 한 것이
천만다행이다.

케이크돔

나무 접시에 높이감이 있는 유리뚜껑을 덮어 음식이나 케이크를
보관하는 데 사용하는 물건이다. 케이크와 파이를 자주 굽는
우리 집에서 케이크돔은 활용도가 높다. 신혼 시절에 모양이
너무 예뻐 구입하고는 비울까 말까 고민하기도 했다. 그러다
파이를 자주 굽기 시작하면서 파이 보관을 할 마땅한 접시가
없어 다시 꺼내 사용하기 시작했는데, 뚜껑의 지름이 맞춘
듯이 파이를 정확하게 덮는 사이즈라 요즘 들어 정말 애용하는
물건이 되었다. 유리뚜껑과 함께 구성되었던 나무 접시 대신
웨지우드의 와일드 스트로베리 시리즈 중 팔각형 모양 접시를
사용하고 있는데, 유리뚜껑과 사이즈가 꼭 들어맞아, 이 두 개를
세트로 사용 중이다.

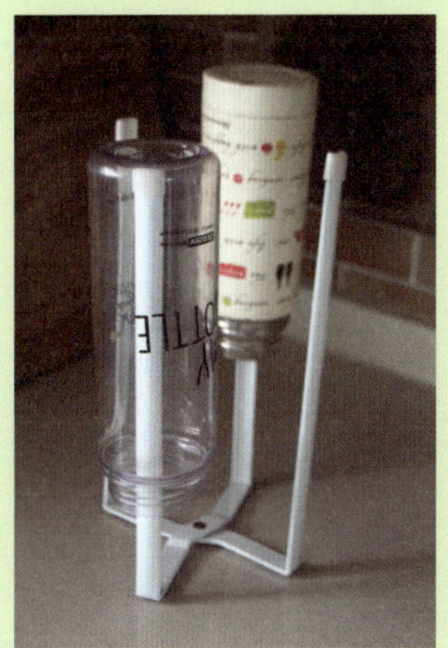

스탠드 홀더

우연히 눈에 띄어 구입했던 이 물건은, 다리 네 개가 위로 솟아
각각의 다리에 물병과 같은 길쭉한 용기를 거꾸로 꽂아 안쪽의
물기를 말리는 데 자주 사용한다. 다 쓰고 재활용하기 위해
뒤집어 씻어 둔 지퍼백을 여기에 걸쳐 놓아도 물기가 잘 마른다.
저장식을 자주 만드는 내 경우엔 유리병을 소독한 후 말릴 때도
자주 사용한다. 다 쓰고 나면 슬림하게 접어서 보관도 가능해,
우연찮게 발견했지만 만족하며 애용하는 물건이다.

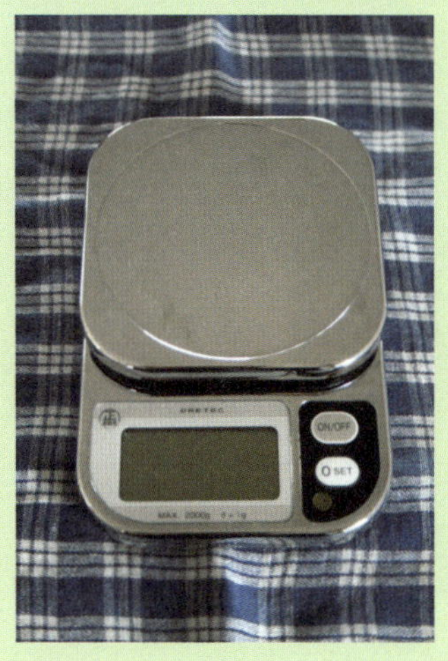

계량저울

빵은 계량이 정확할수록 맛있어진다. 예전엔 모양이 예뻐 바늘로 무게를 표시되는 옛날식 저울을 사용했는데, 계량이 정교하지는 않지만 그렇다고 빵이 이상하게 만들어지진 않으니 그런대로 만족하고 사용했다. 그러다 근처 백화점에서 우연히 전자저울을 발견해 아무런 예정 없이 구입하고는 이미 저울이 있는데 또 하나를 샀다며 자책을 했다. 그런데 막상 전자저울을 이용하여 빵을 구우니 정확한 계량으로 만들어진 빵의 맛이 확실히 달랐다. 게다가 언제 만들어도 늘 똑같은 맛을 내니, 이제 전자저울은 없으면 안 되는 필수품이 되어버렸다.

알뜰주걱

항상 만족스러운 우리 집 주방의 필수품이다. 열에 닿는 주방도구는 대부분 나무나 스테인레스 재질을 사용하는 편이지만 반찬을 만들 때나 제과제빵할 때, 소스가 많은 음식을 만들고 난 후 이름처럼 '알뜰하게' 남은 소스 한 방울까지 싹싹 긁어낼 수 있다. 설거지를 할 때 바닥에 눌어붙은 것을 상처나지 않게 긁어내기도 하고, 기름이 많이 묻은 팬을 닦을 때 우선 뜨거울 물을 부어 알뜰주걱으로 싹싹 문질러가며 씻어주면 특별히 다른 세척을 하지 않아도 기름이 거의 다 세척된다.

생활의 美學

Chapter
02

夏

여름

조금씩 매일, 욕실 청소

물의 날인 수요일엔 욕실을 청소한다. 사실 수요일은 청소를 할 때면 가장 꺼려지는 날이기도 하다. 욕실은 대부분 더러운 것들을 씻어내는 '물'과 관련된 공간이다. 늘 오염된 것들과 접촉하기 때문에 가장 빨리 더러워지고 그러면서도 그걸 씻어내는 것이 '물'이라는 생각에 실제로 청소를 가장 게을리 하는 곳이기도 하다.

그래서 어쩌다 한 번씩 청소를 하기위해 배수구나 물이 고여 있는 곳을 열면 퀴퀴한 하수구 냄새와 함께 시꺼멓고 질척한 오염물에 고개를 돌리게 된다. 가장 좋은 방법이야 자주 청소를 해주는 것이지만 생각만큼 자주 손이 가지도 않으니, 여러 공간 중 가장 청소하기 싫은 공간이라 해야겠다.

욕실의 경우 매일 아침마다 세면대와 변기를 한 번씩 닦아주는 것으로 간단 청소를 한다. 가장 청소가 꺼려지는 공간이니, 매일 그렇게 조금씩이라도 닦으며 깨끗함을 유지하면 그나마 대청소를 할 때 덜 힘들 것 같아서다. 하지만 욕실엔 평소에 손이 가지 않는

구석구석이 너무나도 많다. 변기나 세면대는 겉으로 욕실 공간 속
드러나는 곳의 일부일 뿐, 사실 정말 더러운 곳은 보이지 않는 곳,
그리고 손이 닿지 않는 곳이기 때문이다.

가장 싫은 곳은 제일 먼저 해야 하는 법. 냄새의 온상이며 검고
끈적한 오염물, 그리고 걸러진 머리카락 등과 씨름해야 하는 배수
구를 우선 청소했다. 배수구 뚜껑과 거름망은 베이킹소다와 칫솔
을 이용하여 박박 문질러 반짝거리는 상태로 만들어놓았다.

그리고 욕실의 천장. 의외로 욕실 천장은 상당히 지저분하다. 목
욕을 하면서 올라간 수증기들이 들러붙었다가 그대로 건조되며

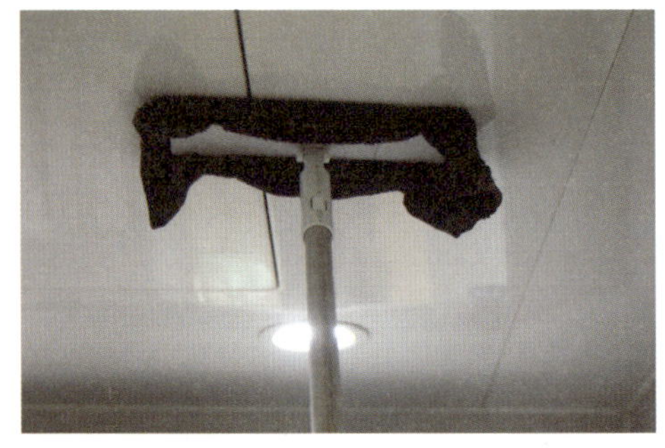

눈에 잘 띄지 않는 욕실 천장은 수증기에 결합된 먼지가 들러붙어 있다. 밀대에 젖은 걸레를 끼워 닦아준다.

욕실 벽도 샤워를 하다 튄 비눗물과 오염물들이 말라 붙어 있는 곳이다. 솔로 쓱쓱 닦은 후 물로 헹구어낸다.

얼룩으로 남고, 거기에 먼지들이 들러붙으니, 자세히 살펴보면 얼룩덜룩 지저분한 곳이 한두 군데가 아니다. 그래서 욕실 대청소를 할 때면 밀대에 젖은 걸레를 끼워 천정을 쓱쓱 닦는다. 바닥을 닦는 것이야 아래를 향하니 어렵지 않지만, 중력을 거슬러 위를 바라보며 닦는 것은 그야말로 고역이다. 팔도 아프고 목도 뻐근해져 온다. 치켜뜬 눈은 또 왜 그리 아픈지.

욕실에서 또 손이 가지 않는 곳이 바로 '벽'이다. 늘 바닥에만 신경을 쓰지, 수직으로 된 벽은 신경을 쓰지 않게 되니까. 하지만 샤

청소하며 지나치기 쉬운 욕실장도 수납돼
있는 것들을 꺼낸 후 닦아준다.

수도꼭지와 샤워기 등 스텐 재질의 욕실용
품은 칫솔에 치약을 묻혀 닦아내고 비누받
침은 물에 불린 후 칫솔로 닦아낸다.

워를 하며 튄 비눗물이나 몸을 씻어 오염된 물들이 벽에 들러붙어
그대로 마르니 대청소를 할 때면 꼭 한번 솔로 쓱쓱 벽을 닦은 후
물로 헹구어낸다.

마지막으로 욕실용품들을 깨끗하고 반짝거리도록 광을 내었다.
스텐 재질의 칫솔꽂이는 치약을 묻힌 칫솔로 박박 문질러 광을 내
고, 비누 찌꺼기가 여기저기 껌딱지처럼 붙어 있는 비누받침도 물
에 불려두었다가 칫솔로 문질러 깨끗하게 되돌려놓았다. 세면대
와 수도꼭지, 욕조 샤워기와 수도꼭지도 칫솔에 치약을 묻혀 구석

욕실 배수구는 구연산을 뿌린 후
칫솔로 거름망을 싹싹 닦아낸다.
그리고 끓인 물을 부어 소독하는 것으로
욕실 청소를 마무리한다.

구석 문질러 닦고 물로 헹궈내면 마치 새것인 듯 반짝반짝 윤기가 난다.

청소를 모두 마친 후 마무리로 배수구에 구연산을 뿌려두었다가, 끓인 물을 배수구에 부어 소독한다. 모기가 기승을 부리는 한여름엔 모기의 산란장소인 이곳을 간간히 이런 방식으로 소독하곤 했는데, 유난히 더웠던 올해엔 모기마저 자취를 감춰 소독할 일이 없었다. 이렇게 배수구 소독을 마치는 것으로 욕실 대청소는 끝이난다.

욕실 청소를 내켜하지는 않지만, 청소하기 전과 후의 차이가 선명하게 드러나기에 청소한 보람이 느껴지는 공간이다. 할 때는 힘들고 고통스러워도 하고 나면 가장 개운한 장소, 욕실. 몸은 나른하지만 마음은 개운하다. 어젯밤 그래서인지 나는 완전한 숙면을 취했다.

아파트 속 작은 곳간, 다용도실 비우기

부엌과 연결되어 여분의 식재료를 보관해두는 다용도실은 옛날식으로 정의한다면 곳간이나 광이다. 지금 당장 사용하지 않고 장기간 저장 가능한 식재료를 보관해두는 장소다. 때문에 욕심내어 장을 보고 둘 데가 없어 차곡차곡 이곳에 두다 보면 발끝에서 천장까지 여유 공간 하나 없이 물건들로 쌓이기 쉬운 공간이기도 하다. 그래서 늘 그때그때 필요한 것만 보관해두고 얼른 소진시켜야 공간이 자꾸 채워지지 않는다.

처음 이사 왔을 때에도 우리 집 다용도실은 좁은 공간이었다. 커다란 세탁기와 나무 선반 그리고 그 앞으로 놓인 분리수거 쓰레기 바구니, 감자와 고구마 보관 바구니만으로도 꽉 찬 느낌이 들었다. 거기에 조금이라도 자질구레한 물건들이 쌓이게 되면 금세 비좁아질 위험에 놓이곤 했었다.

생각해 보니 분리수거 쓰레기는 굳이 모아둘 필요 없이 쓰레기가 나올 때마다 밖으로 배출하면 되기 때문에, 수거용 바구니를 두지 않아도 될 일이었다. 고구마와 감자 바구니들도 나무 선반의 빈

다용도실을 비우기 전 모습

바구니로 자리로 옮기면 될 것 같았다. 그래서 선반 앞자리를 차지하던 바구니들을 모두 비웠다.

선반 앞 공간이 확 트이니 쌀을 가지러, 쓰레기를 버리러 가면서도 좁은 복도를 피해갈 필요 없이 여유로워졌다. 그리고 내친김에 선반 위 자질구레한 물건들도 조금씩 들어냈다. 물건이 겹쳐 쌓여 있지 않고 마치 매장 진열대 위 디스플레이된 듯한 단순한 선반이 되니 필요한 것을 꺼내는 것도 너무나 쉬워졌다. 오히려 그렇게 비우고도 아무런 불편함 없이 더 쾌적해진 공간을 즐기며 살고 있으니, 참 많은 불필요한 것들을 이고 살고 있었다는 걸 또다시 느낀다.

매일 나갈 때마다 쓰레기를 들고 버리는 것으로 다용도실 통로를 비좁게 만들
었던 분리수거 바구니를 정리했다. 지금은 저 갈색 바구니도 치운 상태다.
조금만 부지런해지니 공간을 넓게 쓸 수 있었다.

각각 자리를 차지하던 고구마와 감자는 한데 합쳐 부피를 줄이고,
양파와 감자는 나무 선반 바구니로 자리를 옮겨 보관 중이다.

　다용도실은 혹시나 필요할지 모르고 언젠가 써야 할, 말 그대로 '잉여의' 물건들을 저장해두는 공간이다. 그렇기 때문에 '언젠가 쓸' 물건에 대한 자기만의 엄격한 기준을 가지고 있어야 한다. 현재 사용하고 있지 않은 물건은 모두 다 '언젠가' 사용하게 될 물건으로 구분되니, 자신의 생활 패턴을 잘 생각하여 가까운 미래에 꼭 사용할 것들만을 남기는 것이 좋다. 그 외의 것들은 '언젠가 쓸' 물건이 아닌 '절대로 쓰지 않을' 물건일 것이 분명하기 때문이다.

작은 냉장고 예찬

며칠간 장을 보지 않고 있는 재료들로 반찬을 만들었더니, 냉동실의 고기칸이며 냉장실의 야채 칸에 채워져 있던 식재료들이 사라지고 칸칸이 텅 비었다.

그러다 이런 생각이 들었다. 식재료를 비워가는 것도 좋지만, 냉장고의 공간 자체를 비우면 어떨까. 냉장고 속에 육류를 보관하도록 설치된 서랍을 열어보면 아무것도 없이 비어 있는데, 서랍 자체가 냉장고를 채우고 있으니 겉보기엔 뭔가 꽉 찬 것 같다.

냉장고 공간은 70퍼센트만 채우는 것이 신선도에도 좋다고 하는데, 빈 수납도구라도 결국 공간은 채워진 것이지 않은가. 공간을 비울 때 수납 도구 자체를 없애면 더 이상 채우지 않게 된다. 냉장고 역시 수납할 도구를 두지 않고 지낸다면, 그때 그때 신선한 재료만을 소량씩 채우게 될 테니 공간과 신선함 모든 면에서 좋을 것 같았다.

그래서 집안의 다른 공간을 비울 때처럼 냉장고 속을 비우기 시작했다. 우선 모든 보관용기를 꺼내고, 아무것도 든 것 없이 자리

비우기 전, 가득 들어찬 냉장고 내부

만 차지하고 있는 빈 통과 도어 포켓에 빈 채로 꽂혀있는 병들, 그리고 오래되거나 잘 사용하지 않는 소스들을 모두 비워내었다. 그렇게 하고 나니 처분해야 할 보관용기 4개와 병 8개가 쏟아져 나왔다.

불필요한 수납도구들과 식재료를 비워냈더니, 빈 공간 없이 들어차 있던 냉동실 속 선반 두 개와 도어포켓 두 칸이 아무것도 없이 빈 상태가 되었다. 냉장실도 역시나 도어포켓 속 재료들을 모두 꺼내어 필요한 것과 불필요한 것을 다시 구분지어 제배치 작업을 했다.

선반을 채우고 있던 수납 바구니 대신 작은 철제 바구니로 도구

비운 후 냉장고 모습
냉장실과 냉동실 선반을 채우던 수납바구니를 없애버렸다.
장기간 보관하기보다 신선한 재료를 그때그때 먹으니, 냉동실 서랍도 휑해졌다(아래).

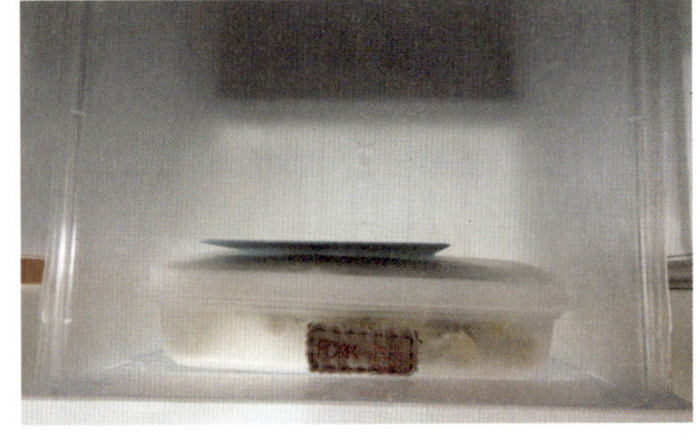

를 바꾸고 불필요한 양념류를 없애고 나니 냉동실과 마찬가지로 냉장실 또한 선반 두 칸이 비었다.

비우기 작업을 마치고 가벼워진 냉장고를 보니, 이번엔 청소를 하고픈 욕구가 솟아올랐다. 여기저기 불필요한 물건들이 있다가 빠져나간 자리엔 그동안 쌓였던 먼지들이 붙어 있고, 어쩌다 음식 국물들이 흘러 선반에 눌어붙은 자국들도 심심찮게 눈에 들어왔기 때문이다.

냉장고 청소를 하기 위해서 가장 먼저 해야 할 일이 냉장고 속을 비우는 것이다. 이미 단순해질 만큼 단순해질 상태라, 꺼낼 것도 없이 그냥 트레이 몇 개만 쓱쓱, 그것도 무겁지 않은 빈 트레이를 가볍게 번쩍 들어 꺼내고 나니, 냉장고 속이 금세 텅 빈 공간이 되었다. 정돈, 정화를 위해서는 이렇게 '완전한 비움'이 필수로구나. 아무것도 없이 텅 빈 냉장실의 선반을 바라보고 있자니 왠지 모를 희열이 느껴졌다.

냉동실과 냉장실의 선반은 물과 구연산을 약 10:1로 섞은 구연산수를 뿌려가며 행주로 깨끗하게 닦아냈다. 음식 국물이 눌어붙은 선반은 떼어내어 수세미로 힘주어 문질러가며 때를 벗겨낸 후 물기를 닦아주니 잘 닦은 창문처럼 환해졌다. 서랍칸의 서랍들도 모두 꺼내어 수세미로 닦은 후 물기를 닦고, 서랍이 빠져나간 자리에 쌓여있던 오래된 먼지들도 모두 훔쳐내었더니 어느 칸이든 더러운 구석 하나 없이 새것처럼 빛이 났다.

꽉 채워져 있던 공간을 비우고 빈자리를 깨끗하게 닦는 건 단순

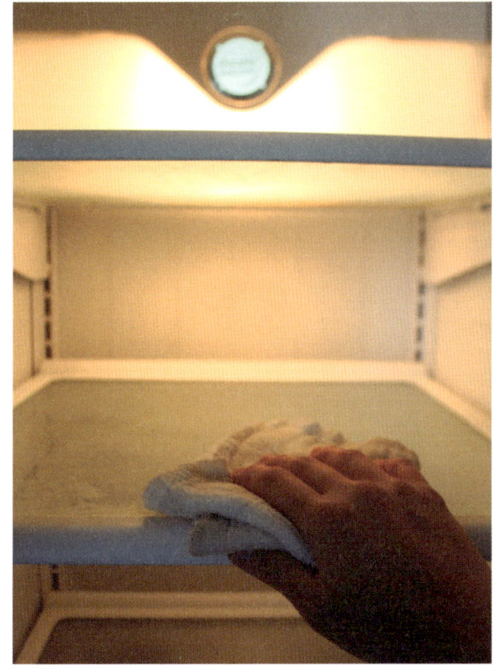

에소프레소를 추출하고 남은 커피캡슐은 냉장고에 넣어
탈취제로 알뜰하게 사용한다.

히 쌓인 먼지를 청소하는 행위에 그치는 것이 아니라, 그동안 불필요하게 채워왔던 공간들이 이런 먼지 더미에 불과했음을 확인하는 작업으로서의 의미가 있다. 그곳을 청소함으로써 먼지만 쌓였던 공간을 '필요와 여유의 공간'으로 새로이 단장하고, 내 마음도 함께 단정히 정돈하는 것이 비워진 공간을 닦아내는 것의 의미이자 목적이다.

우리 집 냉장고는 올해로 15살. 그러니까 결혼할 때 남편과 용산 가서 골랐던 혼수 냉장고를 계속 사용 중이다. 식품 보관 외에 별도의 기능이 없는 터라, 기본 기능만 갖춘 가전의 특성상 고장이 나지 않는 엄청난 장점이 있다. 여태껏 한 번도 수리를 받아본 적 없이 제 역할을 하는 효자 중의 효자다.

굳이 연식도 오래되고 특별한 기능도 갖추지 않은 이 냉장고를 애지중지하는 이유는 용량이 600리터대이기 때문이다. 요즘 전자제품 매장에 전시된 냉장고는 800~1000리터 대용량이 대부분이며, 우리 집 냉장고의 용량은 매장에서 아예 전시도 되어있지 않는 경우가 많다. 일인 가족도 늘어나고 식구의 수는 점점 줄어드는데 냉장고의 용량은 점점 커지다니 아이러니한 일이다.

수납공간이 늘어난 만큼 식품을 많이 쟁여두게 되는 반면 소비하는 인원이 적어지면 결국 식재료를 신선할 때 먹게 되는 일이 줄어든다는 의미다. 바람직한 현상은 아닌 것이다. 내겐 지금 이 냉장고도 공간이 남아돌 만큼 충분한 수납공간이 있는데, 그보다 큰 것으로 교체할 생각은 전혀 없다. 게다가 냉장고의 용량이 커지면 크기도 함께 커지니, 그런 커다란 덩치를 집 공간까지 좁히며 들이고 싶지 않은 마음도 크다.

우리 집에 딱 맞는 600리터대의 냉장고를 마르고 닳도록 사용하다 보면 몇 년 후 '소용량'이 대세가 되어 다시 작은 용량의 냉장고가 더 업그레이드된 기능으로 출시되지 않을까. 그래서 요즘 기준에선 작은 사이즈의 냉장고를 소중히 다루며 계속 사용하고

있다. 부디 내 바람이 이루어지기를. 그리고 그때까지 지금처럼만
잘 버텨주기를.

장맛비 오기 전, 세탁조 청소

두 달에 한 번 꼴로 하는 세탁조 청소는 장맛비가 오기 전에 꼭 한 번씩 한다. 여름철 빨랫감은 장마철부터 한여름까지 조금만 쌓아 둬도 쉰내가 나는데, 거기에 세탁기마저 제대로 소독되지 않은 채 습한 상태로 내버려두면, 빨래의 냄새가 가시기는커녕 더욱 심해질 테니 말이다. 그래서 정기적으로 하는 세탁조 청소라도 여름철에는 특별히 신경을 쓰게 된다.

우선 세탁기 문쪽 고무패킹에 끼어 있는 때를 제거하기 위해 베이킹소다와 물을 섞어 치약처럼 만들어 칫솔에 묻힌 후, 패킹에 낀 물때를 싹싹 문질러 매끈하게 닦아내었다.

본격적으로 세탁조 청소를 하기 위해 과탄산소다를 꺼낸다. 따뜻한 온수에 한참 저어 녹인 후 세탁조에 붓고, 냉수가 아닌 온수로 세탁기를 채워 세탁 – 헹굼 – 탈수의 순서로 세탁조 내부 청소를 마무리지었다. 서비스 기사 말로는 한 달에 한 번, 세제투입구에 락스를 소주잔으로 한 컵을 넣고 표준코스로 돌려도 세탁조 청

베이킹소다와 과탄산소다는 청소할 때면 빠지지 않는 천연세제다(자세한 활용법은 138쪽을 참조).

베이킹소다에 치약 점도로 물을 섞어 세탁기 입구 고무패킹에 낀 때를 칫솔로 닦아낸다.

과탄산소다 500g을 물에 녹여 세탁조에 붓고 온수로 세탁기를 채워 한 시간가량 세탁기를 돌려준 후 헹굼, 탈수의 코스로 내부 청소를 마무리한다.

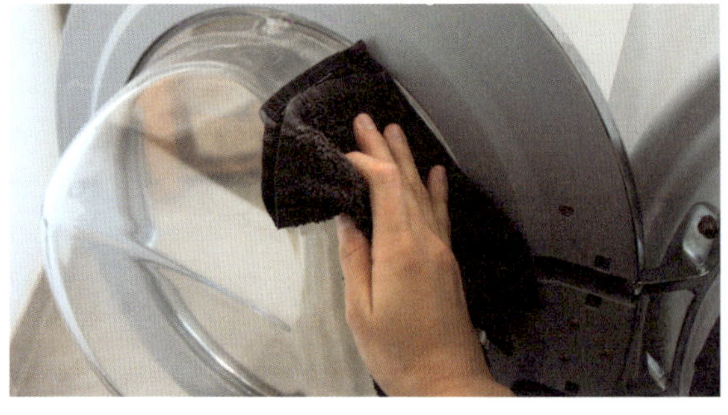

세제 찌꺼기와 물때가 자주 끼는 세탁기 유리문도 걸레로 닦아주니 투명함을 되찾는다.

소가 된다고 팁을 주셨다. 바쁠 때는 이 방식으로 세탁조를 청소하기도 한다.

세탁기의 세제 투입구와 아래쪽의 먼지거름망을 빼내어 솔로 문질러 물때를 깨끗하게 없애고, 세탁기의 투명한 문 안쪽에 끼어 끈적하게 눌어붙은 물때와 먼지를 걸레로 힘주어 눌러가며 닦아주었다. 마지막으로 본체 겉면까지 윤기나게 닦아 세탁기의 내부부터 외부까지 완벽하게 청소를 마쳤다.

청소를 마친 후에는 안쪽에 습기가 차지 않고 잘 마르도록 문을 활짝 열어 환기를 시켜주었다. 정성들여 청소한 후의 뿌듯함이라니.

신혼 때 멋모르고 '전시상품'이라고 싸게 판 세탁기를 구입했다. 돈 굳었다며 냉큼 생각 없이 샀던 7킬로그램짜리 세탁기는 잦은 고장으로 구입한 지 몇 년 만에 폐기시켜야 했다. 싼 게 비지떡이라는 옛말을 너무 흘려 들었나 보다. 식구가 늘고 이불 빨래도 하나가 아닌 두 채를 해야하다 보니, 7킬로그램의 용량으론 감당하기가 어려웠다. 그래서인지 많은 빨래가 투입되면 자꾸 세탁기가 체한 듯 거부반응을 일으켰다. 드럼세탁기 치고는 너무 구식이었던 터라, 겨울에 세탁기를 돌리면 자꾸만 내부가 얼어 수리를 맡긴 것도 여러 차례. 그러다 결국 13킬로그램 용량의 세탁기를 '제값 주고' 새로 구입하여 지금껏 단 한 번의 문제없이 사용 중이다.

요즘은 전자제품들도 점점 용량이 커지는 추세라 당시에 구입할 때만 해도 대용량 취급을 받던 13킬로그램도 이젠 적은 용량에 속

하는 시대가 되었다. 하지만 더 이상 큰 것은 필요 없을 듯하다. 세 식구의 빨래를 모아 일주일에 한 번 돌려도 충분히 수용이 가능하고, 무엇보다 겨울에 세탁기가 얼지 않아 좋다.

이전에는 세탁기 고장으로 적지 않은 수리비용에 번거로움까지 맘고생을 많이 했다. 잔 고장 없이 세 식구의 빨래도 한 번에 몰아서 거뜬히 해내는 세탁기가 고마워 이렇게 주기적으로 소독도 시켜주며 관리하고 있다.

생각해 보니 부엌에서 늘 닦아가며 사용하는 가스레인지처럼 주방이며 실내에서 사용하는 전자제품들에는 애정의 손길을 주는데 비해, 세탁기는 단순히 집의 바깥쪽에 위치하고 있다는 이유로 자주 닦아가며 관리해주지 않았던 것 같다. 매일 입는 옷을 빨아내는 기계니, 위생관리를 부엌 싱크대만큼이나 신경 써서 해주어야 하는데 그러질 못했구나. 혹시 수건에서 쉰내가 금세 나버린 것도 내가 세탁기 관리를 소홀히 한 것에 대한 세탁기의 소심한 복수가 아닐까? 한 번의 문제없이 항상 잘 돌아가는 고마운 세탁기를 내 앞으로 잘 관리해주고 말거야.

여름 저장식, 토마토소스 만들기

1년 365일 볼 수 있는 것이 토마토라지만, 그래도 토마토의 제철은 여름이다. 여름철 장에 나가면 말랑거리고 발그랗게 색이 진해진 숙성한 토마토들이 쌓여 있다. 초록빛을 띠고 단단했던 것들이 어느덧 숙성하여 수줍어 얼굴을 붉히고, 세상을 조금 살았다며 조금은 더 부드러워진 사람마냥 깊이가 있어졌다. 더 깊고 순한 빨간 빛, 거기에 모나지 않고 둥글둥글한 모양은 얼마나 아름다운지.

장보러 간 길에 튼실한 토마토 한 상자를 사왔다. 토마토는 씻어서 바로 먹어도 맛있지만, 우리 집에선 이태리 음식을 만들 때 많이 활용한다. 그래서 토마토가 많이 나오고 단맛이 강할 때 많이 사두었다가 토마토소스를 만들어 저장해둔다. 소스는 한번 만들 때면 시간을 많이 잡아먹어 외출을 반납해야 하지만 만들어 두면 그만큼 유용하게 쓸 수 있다.

잘 씻은 토마토를 듬성듬성 썰어 믹서에 곱게 갈고 설탕과 소금, 레몬즙 등으로 간을 맞춘다. 거기에 월계수 잎과 집에서 기른 바질

잎을 몇 장 떼어 다져넣고는 오래도록 뭉근하게 끓인다. 손이 가는 것은 별로 없는데 몇 시간은 불 위에 얹은 채로 기다려야 하니 이 것이야말로 슬로 푸드 중의 슬로 푸드다.

모락모락 춤추듯 피어오르는 김과 함께 수증기에 묻어나오는 진한 토마토의 향, 그리고 탄성을 자아내는 고운 빨간 빛깔. 오랜 시간 끓였는데도 본래의 선명하고 진했던 빨강색 그대로를 간직한 토마토소스가 완성되었다.

빛깔만으로도 사람을 유혹하지만 맛을 보면 더욱 사랑스러운 이 소스는 토마토가 한창 제철일 때 여러 병 만들어 저장해 두었다가 파스타를 만들거나 피자를 만들 때, 시판소스를 구입할 필요 없이 두루두루 사용하면 된다. 해놓고 나면 양이 금세 줄어들어 허탈해지기도 하지만, 집에서 만든 저장식품은 늘 든든함과 성취감을 느끼게 해준다.

언젠가부터 제철 식재료와 땅에서 자라난 산물을 이용하여 집에서 오랜 시간을 들여 저장식품을 만드는 것이 즐거워졌다. 화학조미료가 들어간 것보다 맛은 덜할지 몰라도 영양적으로는 비교할 수 없을 것이다. 무엇보다 만드는 '재미'가 있고, 해놓은 후의 뿌듯함이 있다. 게다가 맛도 공산품보다 떨어진다는 생각이 들지 않는다. 아마도 내가 만든 것에 대한 애착과 자신감이 작용하여 더 맛있게 느껴지는지도 모르겠다.

Tomato
Sauce

절기가 주는 선물, 하지감자

1년 중 낮 시간이 가장 길어진다는 하지. 바로 그 하지 무렵에 수확하는 감자가 하지감자다. 하지가 끝나자마자 장마가 오고, 비 맞으며 수확한 감자는 보관하다 썩는 일이 많기에 장마가 오기 전 하지에 수확한단다. 그렇게 수확한 하지감자가 알도 가장 알맞게 굵고 포실하니 맛있다며, 엄마는 하지 무렵이 되면 감자를 한 상자 사시곤 했다.

너무 크지도, 너무 작지도 않은 주먹만 한 적당한 크기의 햇감자. 도대체 왜 감자에게 못생겼다는 누명을 씌웠을까. 이 땅에서 나는 모든 먹거리 중 못생긴 것은 없으며, 사람 뱃속에서 나는 모든 생명 중에 못생긴 것은 없는데.

그렇게 들여온 감자는 흙을 쓱쓱 털어 그늘진 다용도실 곳간 바구니에 신문지를 깔아 보관해둔다. 그리고 틈날 때마다 하나씩 꺼내어 이런저런 요리를 하는 데 사용한다.

감자볶음과 조림같은 반찬은 기본이요, 감자를 삶아 으깨어 삶

은 달걀과 치즈, 피클 등을 다져 넣은 감자샐러드 샌드위치를 만들어 먹기도 한다. 타르트 반죽 위에 삶은 감자와 베이컨, 양파를 얹은 후 달걀물을 부어 오븐에 구운 키쉬를 만들기도 한다.

하지만 뭐니뭐니해도 갓 나온 햇감자를 가장 맛있게 즐길 수 있는 것은 방금 쪄낸 감자를 그대로 먹는 것이다. 분 많은 포실한 감자를 김이 모락모락 날 때 입안에서 호호거리며 먹는 맛, 그것이 감자 맛의 정수다.

요즘 들어 절기라는 단위가 좋아진다. 단순한 숫자의 나열이 아니라 개구리가 튀어나온다는 경칩, 농삿비 내리는 곡우, 여름이 기울어가는 처서, 큰 더위 대서, 작은 더위 소서……. 절기마다 이름도 얼마나 시적이며 서정적인지. 하루하루 달력에 빼곡히 일정을

적어놓고 쫓기듯 살아가는 삭막한 세상에서, 절기에 따라 자연스
레 흘러가듯 하루하루를 가꾸어가면 느리지만 여유롭고 둥글둥글
하게 살아갈 수 있을 것 같다.

평소에는 달력과 시간에 의지하여 살다가도 적어도 보름에 한
번씩은 아름다운 의미가 담긴 예쁜 절기의 단어에 눈을 돌리게 된
다. 옛날 농부가 그랬던 것처럼 온몸으로 자연의 변화에 반응하면
어떨까. 현대인이 아닌 자연인으로, 이렇게 절기에 맞는 제철 음
식도 즐겨가면서.

한여름에 빵 굽기

30도는 우습다며 기온이 치솟는 한여름에 하는 무모한 짓이 있다. 무더위가 기승을 부리는 날 발효 빵을 만드는 것이다. 발효 빵을 만들기 위해선 더운 공기가 있어야 제대로 부풀어 오르는데, 이 환경을 인공적으로 만드는 것이 꽤나 귀찮기 때문이다. 한여름의 찌는 무더위 속에선 실온에 놔두어도 알아서 빵이 예쁘게 부풀어 올라주니, 꼭 더운 날이 되면 온몸을 불살라가며 밀가루 반죽을 미친 듯이 치대어 발효 빵을 만든다.

제빵이나 제과를 정식으로 배워본 적 없는 나는 수많은 제과제빵책에 적힌 계량과 레시피를 교과서 삼아 빵을 굽는다. 하지만 책마다 방법도 계량도 조금씩 다르며, 레시피를 정확히 따른다 해도 실제로 해보면 어떨 땐 성공, 어떨 땐 완전한 실패를 맛보게 된다. 결국 제빵도 실전으로 경험해 보고, 여러 번 실패와 성공을 반복하다 보면 왜 성공작이 나오는지 서서히 '감'으로 알게 된다.

이번엔 기본 반죽을 이용하여 세 가지 다른 빵을 만들었다. 옥

수수빵과 소시지빵, 모닝빵이다. 언뜻 보기엔 겉모습이 다르지만 사실은 기본 반죽만 있으면 쉽게 동시에 만들 수 있는 빵들이다.

발효빵을 만들려면 반죽을 만들어야 한다. 강력분에 소금과 설탕, 이스트, 우유와 달걀을 넣어 그야말로 온몸이 땀으로 젖을 때까지 반죽을 치대었다. 책에 적힌 대로 계량을 하지만 버터가 녹은 정도, 집안의 온도와 습도 등에 따라 똑같이 계량을 해도 반죽은 늘 달리 나온다. 습도가 높으면 반죽이 질척해 밀가루를 더 보태고, 건조하고 차가운 겨울엔 우유의 양을 늘리는 식이다. 제일 중요한 것은 레시피지만 그 다음엔 반죽을 하는 자신의 손에 의지해야 한다. 경험상 반죽했을 때 '좀 말랑말랑한 걸' 하는 느낌이 드는 반죽이 맞는 상태다.

　그리고 1차 발효. 오로지 발효를 위해 이 여름을 택했으니, 작렬하는 태양 빛을 충분히 이용하여 발효를 시켰다. 볕이 가장 뜨겁게 비치는 베란다에 반죽을 40~50분간 두었더니, 겨울에 전기장판 켜고 이불 덮어 조심조심 발효시킨 것보다 훨씬 멋지게 반죽이 부풀어올랐다. 정성들여 키운 자식보다 아무렇게나 내다 키운 자식이 더 잘된다더니, 이걸 보면 그 말이 맞는지도 모르겠다는 생각이 든다.

　잘 부푼 반죽은 공기를 빼어 둥글리기한 후 잠시 중간발효를 위해 놔두었다가, 반죽의 절반을 떼어 옥수수 알과 치즈덩어리를 넣어 감싸주었다. 그리고 남은 반죽은 또다시 절반으로 나누어 소시지를 올려 돌돌 말아 칼집을 넣고 나뭇잎처럼 펴서 모양을 만들

었다.

 나머지 덩어리는 가장 일반적인 모닝롤의 모양으로 둥글둥글 성형을 했다. 그리고 두 번째 발효는 다시 태양의 힘을 빌었다. 역시나 40~50분이 지나자 세 가지의 빵이 각자 멋진 모습으로 모양을 잡고 구워지길 기다리고 있다. 이것들을 예열된 오븐에 넣고 노릇하게 굽는다.

 오븐 문을 여는 순간 엄청난 열기에 숨통이 턱 막혀온다. 마치 불구덩이 속으로 빨려 들어가는 것 같은 느낌에 현기증마저 난다. 늘 여름엔 이 모양이다. 더운 날 발효 빵을 만든다는 무모한 생각을 하고 무모하게 실행으로 옮긴 후, 반죽을 해대면서 '내가 무슨 짓

을 한 거지?'라며 한번 후회한다. 그리고 오븐을 돌리고 한증막 같은 열기를 느끼며 '내가 이 짓을 두 번 다시 하나 봐라'라며 또 한 번 후회하지만, 막상 여름이 찾아오면 '야호, 발효 잘 되겠다' 하며 또다시 반죽을 시작하는 것이다. 어찌되었건 모양과 맛이 다 좋으니 그것으로 내가 저지른 무모한 짓을 위로한다.

정말로 먹음직한 모양으로 구워져 나온 따끈한 빵을 들어 손으로 양쪽을 잡고 주욱 뜯어본다. 닭고기살처럼 부드럽게 찢기는 빵의 질감. 이 완벽한 질감은 오직 한여름, 자연의 열기로만 만들어질 수 있는 질감이니 결국 내년 여름에도 나는 또 발효빵을 굽게 될 것이다. 더운 날, 무모한 짓. 두 번의 후회와 이를 상쇄할 만한 한 번의 커다란 만족. 그나마 다행이다. 만족 후 후회가 아니라, 후회를 해도 만족으로 끝맺음을 할 수 있어서.

오이피클 만들기

더운 날 장을 보러 갔더니 유난히 눈에 띄는 것이 있다. 오이다. 여름의 길목에 접어드니 마트 여기저기에 풍성하게 쌓인 게 눈에 확 띈다. 역시 오이는 시원한 맛이라, 더울 때 먹는 것이 최고다. 그래서 예정에 없던 오이를 한 봉지 사갖고 왔다.

이번에 구입한 것은 기다란 청오이가 아닌 '호빗족'에 해당하는 미니오이다. 매대에 쌓인 오이를 보며 가장 먼저 떠올린 음식이 피클이었기 때문이다. 피클 만들기엔 미니오이가 딱 좋은 사이즈니까.

오이는 굵은 소금으로 표면을 싹싹 문질러가며 닦고 그대로 얼마간 절여놓았다. 구부리면 금세 뚝 부러져버리던 아삭한 오이가 어느새 여리여리해져 말 잘 듣고 순한 어린아이처럼 부드러워진다. 오이가 절여지는 동안 피클물을 만든다. 식초와 설탕, 소금, 마른고추, 레몬, 피클링스파이스 등을 냄비에 넣고 바글바글 끓여 식혀두었다. 피클물을 이루는 대부분이 식초인지라, 끓이다 보면 달콤함이 뒤섞인 강한 식초의 향이 온 집안에 퍼진다.

피클 물이 어느 정도 식는 동안 절여진 오이는 깨끗하게 씻고 물기를 빼어 차곡차곡 유리병에 담고, 피클물을 조르륵 부어주었다. 보기에도 청명하고 상쾌한 오이피클. 이렇게 사흘간 두었다가 다시 피클물을 끓여 채워 일주일 후부터 먹기 시작한다. 샌드위치나 햄버거에 끼워 먹거나 잘게 다져 샐러드에 넣기도 하고, 스파게티를 먹을 때 곁들이거나 온갖 기름진 음식과 함께 내면 느끼함을 잡아주는 역할을 한다.

일주일간 잘 숙성된 피클 하나를 꺼내어 한입 베어물어 보니 아삭한 질감에 새콤한 맛까지, 청춘처럼 경쾌하고 발랄하다. 청춘이라. 내가 중년에 접어들었으니, 이제는 피클처럼 새콤발랄하기보다 잘 익은 장맛으로 비유되어야 하는 나이가 된 걸까. 잘 숙성되어 더욱 깊어진 장맛처럼 나이들고도 싶지만, 오랫동안 정성들여 숙성시킨 와인처럼 우아하게 나이 들고 싶은 마음도 큰데. 나를 잘 가꾸고 숙성시켜서 신맛이 '쉰 맛'은 되지 않도록 해야지.

Cucumber
Pickle

마음만은 보송보송, 수건 삶기

장마가 끝나고 본격적인 찜통더위가 찾아왔다. 이때가 되면 집 수건은 마를 날이 없다. 가만히 있어도 흐르는 땀을 닦으랴, 땀으로 젖은 몸을 씻으랴 문지방이 닳도록 욕실을 오가며 수건을 사용하니, 조금만 방치해도 수건에선 퀴퀴한 냄새가 난다. 여름이면 항상 물기를 머금어 축축하게 젖어있는 수건. 이 우울한 수건들은 균이 좋아하는 서식처가 되기도 하므로, 자주 뜨겁게 삶아주는 것이 살균에 도움이 된단다.

아날로그 방식으로 대야에 삶아보려는 생각도 했다. 가만히 있어도 지치는 여름, 김 모락모락 피우며 수건을 삶다간 내 머리 위에도 김이 날 것만 같았다. 대신 문명의 이기를 이용하기로 했다. 세탁기를 삶음 코스로 맞추어 한참을 돌려 삶았다. 일반 세탁보다 오랜 시간 삶은 후 세탁기를 만져보니 몸체가 뜨끈뜨끈해졌다.

거의 두 시간이 지나서야 삶아져 나온 수건들. 사우나에 들어갔다 온 녀석들에서는 꺼내자마자 김이 모락모락 피어난다. 부들부들하니 삶아진 수건들을 탁탁 털어 건조대에 널고 축축하고 퀴퀴

했던 것들이 모두 보송보송해져 바람을 쐬는 것을 보고 있자니 내 마음도 덩달아 보송보송해진다.

얼마 안 있어 뜨거운 여름볕에 금세 마른 수건들을 걷어 차곡차곡 접었다. 코를 수건에 박고 냄새를 킁킁 맡으니 희미한 빨래비누 향이 돌 뿐, 더 이상 얼굴을 찡그리게 만드는 쉰내는 나지 않는다. 축축했던 땅도 마르고, 축축했던 수건과 커버도 모두 말라 세상 모든 것들이 보송보송해진 오늘. 내 마음도 더불어 보송보송하다.

하루에도 몇 번씩 지치고 늘어지게 해 나를 괴롭히는 여름이지만, 더위를 피해 떠나는 피서는 계절에 딱 한 번이다. 그보다 하루

하루 생활을 상쾌하게 보내기 위한 작은 노력으로 힘든 더위를 피할 수 있지 않을까 하는 생각이 든다. 돈 한푼 들지 않는 간단한 피서법. 결국 내 일상을 즐기는 것이 답인 셈이다.

소유(少有)하는 삶의 원칙

블로그를 하며 이웃분들이 종종 묻는 질문들이 있다. 원래 물욕이 없으신가요, 이것까지 비우면 불편하지 않을까요, 이렇게 살면 피곤하지 않은가요? 등 비움을 실천하고 있는 나의 생활에 관한 부작용(?)은 없는지 묻는 질문들이다.

언제부터 간소한 삶을 지향하며 살아왔는지는 기억이 잘 나지 않는다. 어릴 적부터 물건에 대한 욕심이 있던 아이는 아니었다. 정말 필요한 것이 있을 때나 엄마에게 사달라고 말했었고, 대체할 만한 것이 있으면 되는 대로 사용하는 경우도 많았으니까.

생각해 보면 내게 소유욕이 없었던 이유는 '그럴 필요가 없었기 때문'이었던 것 같다. 필요한 것은 언제든 살 수 있는 부유한 가정이었다는 말이 아니다. 늘 삶의 본보기를 보여주셨던 부모님 밑에서 '나'를 만들어가고 찾아가는 데 집중할 수 있었기에 물건을 소유하는 것보다 나에 대해 생각하며 성찰하는 시간이 더 많았던 것 같다.

그러다 언제부터인가 적게 소유하는 삶에 대한 의구심이 생겼

다. 그러면서 무언가를 많이 사고 채우는 나의 모습을 발견하고 소
스라치게 놀란 적이 있다. 주위에서 들리는 소식은 나를 긴장하게
했다. 명예와 지위를 좇다 불행을 느낀다는 지인의 소식, 허영으로
가세가 기울어진 지인의 모습……. 이런 소식을 접하며 이들의 모
습과 내 모습이 하나도 다를 것이 없다는 생각이 들었다. 덜컥 두
려움이 느껴지며 내 변화의 근본적 이유를 찾기 위해 오랜 시간 고
민을 하게 되었다. 그리고 결국 찾은 방황의 이유는 '결핍'이었다.
  주변 사람들의 끝없는 욕망도 타인과 자신을 비교하며 생겨나
는 '상대적 결핍'에서 비롯된 것이었다. 나 역시 내 안에서 일어났
던 욕심과 마음의 왜곡이 삶의 큰 부분을 차지하던 아버지란 존재

의 빈자리로 공허해진 마음의 공간에서 일어난 '결핍감' 때문이었음을 깨닫게 된 것이다. 근본적 원인을 찾게 되니 방황하던 마음이 조금씩 누그러지고, 본래의 내 모습으로 돌아가고 싶어졌다. 그리고 보다 의미 있고 행복한 삶을 살고 싶어졌다. 다시금 자발적이며 적극적으로 간소한 삶을 살기 시작한 것은 이때부터였다.

오랜 시간에 걸쳐 삶을 무겁게 누르는 것들을 하나 둘 내려놓기 시작했다. 이제야 비움과 간소함, 소유에 관한 생각들이 머릿속에서 자리잡혀가는 듯하다. 여전히 불완전하고 앞으로도 끊임없이 완전함을 향해가야 하지만, 여태까지의 삶을 통해 내 안에서 정리된 간소한 삶에 관한 생각들을 간추려볼까 한다.

1. 왜 비워야 하는지 생각한다

최근 미니멀라이프에 관한 관심이 늘어나 커뮤니티를 만들어 소유에 대해 소통하고, 간소한 삶의 방법을 공유한다는 이야기를 들었다. 고무적이며 좋은 흐름이라 생각한다. 하지만 때로 '하루에 무조건 한 개씩 버리기'나 '버리기 게임'처럼 비움을 게임처럼 경쟁하며 행한다는 이야기를 접하며 '비움'의 본질보다 비우는 행위 자체가 목적이 되어버린 것 같아 안타까울 때가 있다. 물론 강제적인 방법을 취함으로써 비움의 본질에 도달하는 이들도 많겠지만 말이다.

'절약을 위한 절약'이 되다 보면 알뜰함이 아닌 인색함이 될 수 있다. 비움도 비우기 자체를 위한 비움이 되어버리면 내면의 충만함이 아닌 공허함이 남게 된다. 좋은 의도로 시작한 것이라도 그것에 집착하게 되면 본질보다는 행위에만 전념을 하게 된다.

비우는 행위는 결코 한때의 유행이나 남에게 과시하기 위한 행위가 될 수 없다. 삶 전체의 가치관을 관통하는 것이므로 조급하게 비우려 하지 말고 여유를 가지고 평생 비운다는 생각을 하는 것이 좋다. 조급하게 비운 물건은 결국 후회를 하게 된다. 그러므로 비우는 삶의 과정 속에서 한번씩은 내가 간소한 삶을 택한 이유가 무엇인지 찬찬히 성찰하는 시간이 필요하다.

2. 타인을 의식하지 않는다

갖고 있는 물건들을 들여다 보면 필요해서 구입한 물건들도 있지

만, 타인이 갖고 있는 것이 좋아 보이거나 유행에 휩쓸려 구입한 것들이 많다는 것을 알게 된다. 철학자 라캉이 "인간은 타자의 욕망을 욕망한다"고 했듯이 소유는 필요에 의해서도 이루어지지만 타인의 시선을 의식해 소비하는 경우도 많다. 하지만 그렇게 사들인 물건들은 결국 후회를 남기며 사용하지 않은 채 공간만 차지하게 된다.

진정한 내 것, 나에게 어울리거나 꼭 필요한 것이 아니기에 낯선 물건에 대해 스스로 거리감을 두게 되는 것이다. 그리고 결국 내게 익숙한 것만을 사용하는 것이 대부분 사람들의 심리다. 사시 후회만 남기는 물건을 충동적으로 구입하지 않으려면 외부의 시선으로부터 자신을 자유롭게 하고, 온전히 나에게 집중해야 한다. 그

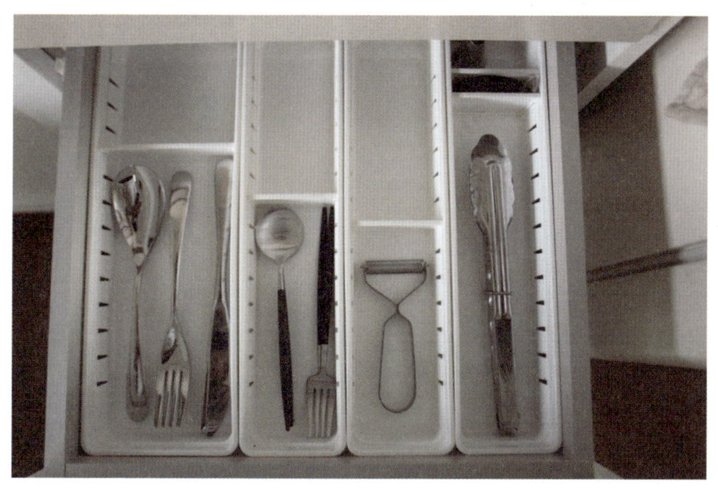

러다 보면 생각보다 필요한 물건이 없다는 것에 놀랄지도 모른다.

타인을 의식하지 않게 되면서 얼굴에 바르는 것들을 비우고 대신 나의 건강과 식생활을 돌아보는 시간을 늘리게 되었다. 몸을 감싸고 있는 옷들의 값어치보다, 그것을 입고 걸치는 이의 사람됨과 가치가 중요하다는 것을 알고 옷장 속의 옷들을 비워나가게 됐다.

음식을 할 때도 도구가 많다고 맛이 달라지는 것이 아니라, 먹는 이에 대한 사랑을 담아 천천히 정성껏 준비하고, 자연에서 나는 제철의 음식을 먹는 것이 가장 맛있다는 걸 알게 됐다. 그렇게 서랍장 속 조리도구를 비워나가게 되고, 요리 과정에 정성을 들이는 시간을 늘리게 되었다.

3. 자연과 가까운 삶을 산다

비우고 비우다 보니 내가 물건들에 쏟은 관심들은 계절의 변화를 바라보는 시선으로 옮겨가고 있었고, 자연의 변화 하나하나에 세포들이 민감하게 반응하기 시작했다. 인간도 결국 자연의 일부라는 걸 깨달아가면서 자연과 환경을 더욱 더 중히 여기게 됐다. 가장 자연에 가깝고 자연과 어우러질 수 있는 방법들을 더 많이 고민하게 됐다. 그렇게 자연에 예민하게 반응하며 그것들의 변화를 지켜보다 보면 어느 순간 내 자신이 겸손해지고 '나'라는 작은 존재를 더욱 단단히 만들고픈 욕구가 생기게 된다.

혼자 멍하니 사색하는 시간과 책 읽는 시간이 삶에서 얼마나 재미지고 의미 있는 시간인지를 실감하게 된다. 비움은 자연과 가까워지는 '친환경'과 이어지고, 친환경은 곧 느리게 사는 삶과 이어지며, 느리게 사는 삶은 자기 자신으로 오롯이 침잠하는 것으로 이어졌다.

4. 나와 친해진다

비움은 곧 '나'와 마주하는 것을 의미한다. 비움의 방식과 과정은 사람마다 다르겠지만, 간소한 삶이 지향하는 궁극적인 목적은 결국 한 가지가 아닐까 싶다. 바로 '나를 아는 것'이다. 비운다는 것은 행위 자체가 목적이 아닌, 불필요한 것들을 없애고 진짜 '나'와 관계를 맺는 것들만 남겨둠으로써 온전히 '나'로 살기 위한 목적을 가지고 있다. 그러므로 먼저 나의 본질에 대해 충분히 고민하는 시간을 가져야 한다.

내게 있어 비움이란 비워내어 헐렁해진 공간을 확인하며 뿌듯해하는 것이 목적이 아니다. 나와 닮은 물건을 소유함으로써 나의 존재, 내가 지향하고 있는 나를 확인하고 찾아가는 것, 그것이 내 비움의 목적이다. 그런 이유에서인지 나의 가치관에 따라 집도 변해감을 느낀다. 집안을 채우고 있는 물건만 봐도 주인이 어떤 사람인지 알 수 있고, 집이 변해가는 과정만 보아도 주인의 가치관이 어떻게 변해가는지 알 수 있는 것이다.

"완벽하다는 것은 더 이상 더할 게 없는 것이 아니라 더 이상 뺄 게 없는 것이다."

내가 가장 좋아하는 소설,《어린왕자》의 작가 생텍쥐페리의 이 말은 비움의 진정한 의미를 가장 함축적으로 담고 있는 것 같다. 본래의 나, 나의 삶은 주어진 그 자체만으로도 족한 것이 아닐까. 더 이상 더할 것도 없고, 더 이상 뺄 것도 없이 주어진 자체만으로도 완벽한 삶을 살아가고 싶다. 그리고 그렇게 살도록 노력할 것이다.

여름비의 추억

장맛비가 내렸다. 창밖이 빗방울로 뒤덮여 바깥 풍경이 잘 보이지 않을 만큼 비가 온 것이 얼마만인지. 가물었던 땅을 적시는 반가운 비다. 참으로 더웠던 며칠간의 날씨까지 차분하게 눌러주는 풍경을 보며 창을 살짝 열어 신선한 공기를 집안에 들인다. 창을 열고 선명하게 들리는 빗소리를 배경으로 턴테이블에 LP판을 걸어 빗방울과 자연스레 섞이도록 했다.

난 비를 그다지 좋아하지 않는다. 우산 하나가 짐 가운데 낀다는 것 자체가 번거롭기 하고, 조금만 각도를 잘못 잡아도 우산 빈틈을 뚫고 거침없이 몸을 적시는 빗방울이 찝찝하기도 해서다. 그래서 비가 오는 날은 집안에 가만히 앉아 비가 오는 소리를 감상할 뿐 빗속에 뛰어드는 것이 싫다. 그러다 비가 내리는 길을 걷는 것도 즐거움이 되게 해준 추억이 생기고 나니 이젠 비 내릴 때 거리를 걷는 것도, 비가 내 뺨과 팔에 와닿는 것도 싫지 않게 되었다.

몇 년 전, 놀이동산에 식구들끼리 놀러갔을 때다. 인기가 많아 타

려면 한 시간 이상을 기다려야 했던 놀이기구를 타기 위해 긴 줄
에 합류했던 식구들. 이미 그전에 여기저기를 쏘다니느라 약간 지
쳐있는 상황이었는데, 갑작스레 엄청난 양의 비가 쏟아지기 시작
했다. 삽시간에 아나콘다를 연상케 했던 긴 줄이 지렁이가 제 몸
을 스스로 토막내듯 뚝뚝 끊어져 버리고, 사람들은 저마다 몸을 피
할 곳을 찾아다니느라 바빴다. 나도 아들의 손을 잡고 폭우를 뚫
고 돌아다녔지만, 발 빠른 사람들에게 이미 자리를 뺏겨 피할 곳
을 한참동안 찾지 못하다, 겨우 좁은 장소에 몸을 피할 수 있었다.
　한 시간을 기다려 타려 했던 놀이기구는 탈 수 없게 되어버렸
고, 속옷까지 젖을 만큼 온몸이 비에 흠뻑 젖었다. 날은 더워 어찌
보면 최악의 상황이었을 텐데, 아들과 나는 우습게 젖어버린 서로

의 모습을 쳐다보고는 한참을 웃었다. 그렇게 폭소를 터뜨린 후부터 우리는 긴장이 풀려 순간을 즐기기 시작했다. 홀딱 젖은 머리카락을 반 가르마 타서 양쪽으로 붙여 70년대 변사 머리를 하기도 하고, 앞머리 몇 가닥을 하나로 꼬아 슈퍼맨 애교머리를 만들기도 했다. 젖은 옷은 이 참에 빨래를 한다며 비를 더 맞게 해서는 비벼 빨기도 하면서. 그럴 때마다 숨넘어갈 듯이 깔깔대는 아들의 웃음소리는 맹렬히 내리는 빗소리를 뚫고 하이톤으로 울려 더욱 경쾌하게 들렸다. 빗소리까지 뚫었던 아들의 웃음소리가 하늘에까지 닿았던 것일까. 우리는 그 날 하늘에서 내려온 거대한 무지개를 선물받았다.

아직까지도 가끔씩 비오는 날 아들과 손을 잡고 걸어갈 때면 아들은 그때의 추억을 이야기하곤 한다. 나 역시 아들과 같은 추억을 떠올리며 우리는 그때 기억에 또 한번 웃는다. 추억을 공유한다는 것, 그 추억이 평생 지워지지 않을 소소하지만 행복한 기억이라는 것. 기억 하나만으로도 불쾌할 수 있는 것들마저도 즐겁고 유쾌한 것으로 시각이 달라질 수 있다는 것이 신기할 따름이다. 추억 한 자락은 사실 우리의 관념과 시각, 취향 모두를 좌우할 수 있는 강력한 힘을 가지고 있는 것 같다.

오랜만에 내리는 빗소리, 그리고 그 소리와 어우러지는 음악을 들으며 나른한 시간을 보냈다. 비는 추억을 실어 나르고, 그 추억으로 인해 나는 이 빗속에서도 축축하지 않고 보송보송한 하루를 보낸다.

바스락거리는 여름 이불의 촉감

여름철 이불의 최고 소재는 역시 인견이다. 매끌매끌하여 살에 달라붙지 않고 시원하게 느껴지니, 엄마는 여름이 되면 이불도, 속옷도, 집에서 입는 홈웨어도 죄다 인견으로 바꾸곤 하신다. 당신 것을 하나 사시면서 우리 것까지 챙겨주신 인견 이불을 장롱에서 꺼내들었다.

인견 이불로 바꾸면서 베개커버도 함께 바꿔주었다. 특히나 머리에서 스며나오는 기름은 하얀 커버를 누렇게 물들여버리니, 땀이 많이 나는 여름엔 특단의 조치가 필요하다.

사실 베개 커버보다 더 중요한 것은 베개 속통이다. 솜까지 머릿기름이 스며들어버리면 곰팡이며 진드기가 몰리기 딱 좋은 환경이 되기 때문에 속통까지 습기가 스며들지 않도록 방수커버를 한 겹 덧씌워주었다. 그렇게 해두면 땀이 많이 나는 여름철에 속통은 보호하면서 커버만 벗겨 자주 빨아주면 된다. 그리고 머릿기름으로 누렇게 찌들어버린 (구)백색베개커버는 한참 동안 과탄산소다를 푼 물에 담가 일차적으로 누렇게 변한 색을 빼고 끓는 물에 폭폭 삶아주었다.

　가슬가슬하고 시원한 이불에 땀 스밀 걱정 없는 베개를 새로 침대에 놔두니 야호! 하며 침대 위로 휙 몸을 던져 새 베개에 얼굴을 묻으며 드러눕는 아들 녀석. 녀석은 나른한 주말 오후에 시원한 여름 침구에 살을 부비며 단잠에 빠져들었다.

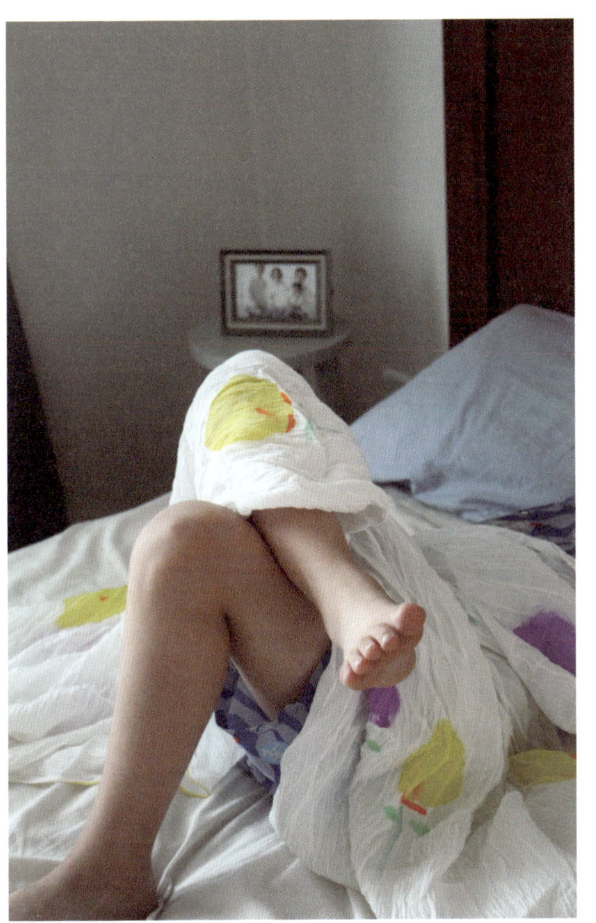

얼마 안 있어 곧 장마라는 생각에 마음이 급해졌다. 여름은 냄새와의 싸움이다. 조금이라도 관리를 제대로 해주지 않으면 금세 음식물에선 상한 냄새가 나고, 쓰레기통에서는 썩은 냄새가 난다. 몸은 하루라도 씻지 않으면 땀냄새로 불쾌하고 그런 땀을 모두 받아내는 수건과 옷에서는 퀴퀴한 쉰내가 난다. 쉰내 나는 옷을 입으면, 가뜩이나 더운 여름 불쾌지수도 높아지는데 그 냄새 때문에 하루가 불쾌해진다.

습기를 한번 머금은 옷에서 냄새를 제거하는 것도 쉬운 일이 아니다. 여름철 옷 냄새는 결국 땀과 습기가 주원인이다. 그래서 자주 빨고, 자주 바짝 말리고, 옷장은 자주 환기시키며 습기를 없애주는 것이 답이다. 수건처럼 삶으면 좋겠지만 의류의 경우 삶으면 수명이 짧아지고, 아예 입을 수 없게 되는 소재들도 많아 평소에 잘 관리해주는 것이 좋다.

그래서 장마철이 오기 전 제습제를 준비하여 옷장 칸칸이 제습

제를 하나씩 넣어주었다. 습기는 아래로 떨어지니 아래쪽에 제습제를 놔두는 것이 좋단다. 커다란 용량의 제습제는 큰 붙박이장에 하나씩 넣어주고, 작은 사이즈는 서랍장에 골고루 넣었다.

어찌 보면 옷장보다도 여름철 가장 역한 냄새를 풍기는 곳이 신발장이다. 땀냄새와 더불어 발냄새까지 더해지니 집에 들어와 신발을 벗으면 바로 그늘진 곳에서 말려준다. 신발장 문도 자주 열어 환기를 시킨다. 그리고 신발이 들어 있는 박스 하나하나마다 서랍장용 제습제를 한 개씩 넣어두었다.

나처럼 코가 예민한 사람에게 여름이란 참으로 괴로운 계절이다. 몸에서 나는 찝찝한 땀냄새, 쉰내 나는 수건과 옷, 습기 찬 데

다 발냄새마저 섞인 신발 냄새, 제대로 씻지도 않고 땀 줄줄 흘리
는 몸을 마구 비벼대어 퀴퀴한 냄새가 배어드는 침대와 소파까지.
점점 길어져가는 여름 서너 달, 계절에 의한 습기야 인력으로 막을
수 없지만, 불쾌함으로 인해 자꾸만 차오르는 마음의 습기만큼은
제거하고 싶어 습기, 냄새와의 전쟁을 벌인다.

여름 자수 벽걸이와 털실 벽화

아들의 낙서를 가리기 위해 장난처럼 시작했던 벽화와 벽걸이는 이제 계절이 바뀔 때마다 계절을 맞이하는 행사가 되었다. 여름이 되었으니 벽걸이와 벽화에도 새 계절의 기운을 불어넣어 주었다.

더위에 지치다 못해 정신마저 혼미해지는 일상에서, 시원한 곳으로 매일 도망갈 수 없는 노릇이다. 그래서 벽걸이에서라도 바다를 상상할 수 있도록 바다와 관련된 것을 밑그림으로 그려 넣었다. 그리고 밑그림을 따라 한땀 한땀 자수를 놓고, 봄 자수벽걸이와 똑같은 크기와 똑같은 방식으로 겉 테두리를 다른 천으로 덧대고 둘러박아 뒤집은 후, 끈까지 달아 벽걸이를 완성했다.

진부하고 식상한 결정일지 몰라도 여름은 무더운 계절 내내 시원하고 차가운 것이 생각날 테니 파란색 테두리를 둘러 장식해주었다. 화려하고 색깔도 다양했던 봄꽃 자수 벽걸이와는 색감을 달리하여, 여름 벽걸이는 좀 더 발랄하고 귀여운 분위기로 그림을 넣었다. 한여름 무더위가 되면 축축 늘어질 테니 벽걸이라도 귀엽고

발랄한 것으로 하고 싶었다.

　여름이니 작렬하는 태양은 예의로 넣어주고, 이 계절에 가장 어울리는 바다를 주제로 조가비, 돛단배, 해파리, 물고기, 해군모자와 줄무늬 티셔츠, 귀여운 펭귄과 해마 등을 수놓았다. 기법은 오로지 백스티치와 새틴스티치뿐이지만 날이 더우니 이런저런 많은 스티치 기법을 쓸 마음도 생기지 않는다. 뭐, 그럴 실력도 안 되긴 하지만. 그렇게 만든 벽걸이를 뜨거운 햇볕이 쏟아지는 베란다의 화초들 옆에 걸어놓으니 싱그럽고 시원해 보인다.

벽걸이에 맞춰 낙서 가림용 벽화에도 여름을 넣어주었다. 비를 맞으며 점점 녹음이 짙어지는 여름을 바라는 마음으로 하늘색 색실로 빗방울을 떠서 비 내리는 형상처럼 붙였다. 언젠가부터 장마철에도 비가 내리질 않아 가물어가는 안타까움에, 마치 기우제 지내듯 빗방울 하나하나 뜨며 마음속으로 기도했다. 지나치지도 부족하지도 않게 딱 적당한 비가 내려 이 땅의 살아 있는 모든 것들이 짙은 초록빛으로 자라나기를.

벽걸이, 벽화 하나로 무더운 여름을 이겨낼 수 있는 것도 아니요, 커다란 의미가 있는 것도 아니다. 하지만 철이 바뀜에 따라 내가 손수 만든 것이 집안을 살아 숨쉬게 만들고 작은 변화를 가져온다. 집에서 찾을 수 있는 작고 소소한 재미 중 하나가 아닐까 싶다. 이렇게 서너 달 여름을 장식하다 9월이 되면 가을을 기다리는 '특별히 절실한 마음'으로 가을 벽걸이를 만들어야지.

여름방학을 시원하게 즐기는 방법

아들 녀석의 방학이 되어 함께 점심을 맛나게 먹은 후, 베란다를 보니 유난히 강한 햇살이 창문 전체로 쏟아져 들어오고 있다. 정말이지 온실이 따로 없다.

"아들, 엄마랑 베란다에서 물 받아놓고 족욕할까?"

"응! 응! 좋아!"

말 떨어지기 무섭게 내 의자와 아들 의자 하나씩을 베란다에 나란히 놓고, 바캉스 기분도 낼 겸 선글라스도 준비했다. 발을 담그면 깜짝 놀랄 만큼 차가운 물을 통에 그득히 받아 의자 밑에 놓으면 준비 완료다.

"통이 하나밖에 없는데 어떻게 하지? 둘이 번갈아 해도 되고, 너 혼자 해도 돼."

"싫어, 그냥 엄마랑 나랑 둘이 같이 담그면 되잖아. 약간 좁긴 해도 충분히 들어갈 수 있어."

그래도 아직까진 엄마와 살 부비며 함께하는 것이 좋다는 녀석이 귀여워 함께 발을 담그니 녀석의 말대로 두 사람 발은 충분히

들어가고도 남는다. 저 작은 발이 몇 년만 되면 쑥 늘어나 그때가
되면 어림도 없겠지. 벌써 지금도 가끔 내 양말을 신는걸. 그때가
되면 엄마와 족욕을 하려고도 하지 않겠지.

선글라스 쓰자는 말을 하기도 전에 테이블에 올려놓은 걸 보고 킥킥 대더니, 금세 제 귀에 척 걸친다. 녀석을 따라 나도 쓰니 "이야~ 엄마도 멋진데~"라며 실없는 농담도 던질 줄 안다. 차가운 물에 발을 담그고 있으니 발바닥에서 종아리, 종아리에서 허벅지를 타고 시원한 기운이 온몸에 퍼져 한여름이지만 더운 줄 모르겠다. 좁은 통 안에서 둘이 문질문질 발을 문대며 장난도 치다가 각자 준비한 책을 읽기도 하면서 물이 미지근해질 때까지 오후 시간을 보냈다.

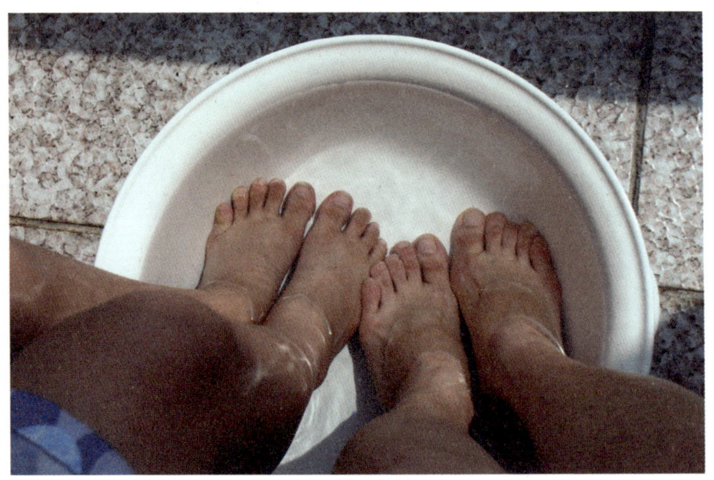

난 아들의 방학 때면 즐겁다. 물론 삼시세끼 밥 챙겨야 하고, 아직은 무슨 일이든 함께 해야 한다. 이제 내게 쿵쿵 부딪히면 몸에 멍이 들만큼 골격도 커져버렸지만, 그런 녀석과 때론 뒹굴며 레슬링도 하는 이 시간이 행복하다. 어른이 아이와 같은 마음이 되면 함께 있는 시간이 행복하다던데, 그건 어른 스스로가 어린아이와 똑같은 유치한 마음이어야 가능한 것 같다. 그런 의미에서 피 속에 평생 '유치찬란 세포'가 펄떡거리며 돌아다니는 나란 사람은 아들과 맞먹으며 놀 수 있는 동갑내기 정신연령인 것 같다.

족욕을 마친 후, 미리 준비해둔 발수건으로 아들 녀석의 발을 폭 감쌌다. 따뜻하구나. 족욕한 물은 베란다 물청소로 알뜰히 사용하고, 물에 젖은 베란다 바닥이 따가운 햇살을 받아 다이아몬드처럼 반짝거리는 것을 기분 좋게 바라보았다.

따스하구나. 몸도 마음도.

노천 카페처럼, 베란다 야외 디너

여름철 레스토랑이 늘어선 길을 지나다 보면 실내가 아닌 야외에서 식사하는 사람들을 많이 보게 된다. 야외보다 에어컨 시설이 잘 되어 있는 실내가 훨씬 시원할 텐데도 많은 사람들이 노천에서 식사를 즐기는 이유는 야외에서 느끼는 색다르고 낭만적인 기분 때문일 게다.

아파트에 살고 있지만 나는 많은 공간들 중에서 유독 베란다에 애착을 가지고 있다. 요즘엔 실내 공간을 넓게 쓰기 위해 확장을 하기도 하고, 새로 지은 아파트의 경우엔 처음부터 확장이 된 상태로 나온 경우도 많다. 하지만 집을 보러 다닐 때도 베란다가 확장된 집은 제외를 시켰을 만큼 나는 베란다를 중요하게 생각한다. 다닥다닥 위아래로 붙은 커다란 성냥갑 같은 아파트라도, 정원이 딸린 단독주택처럼 자연을 누리며 살고 싶은 마음 때문이다.

봄이 되면 따스한 온실 같은 베란다에 허브를 심어 여름, 가을 무렵 잘 자란 허브 잎을 따 음식에 넣는다. 여름엔 시원한 물을, 겨울엔 뜨거운 물을 받아 베란다에서 족욕을 즐기기도 한다. 볕 좋은 날 각종 제철 야채들과 그릇, 채반과 도마를 넓게 펼쳐놓고 말리는 것도 베란다가 없으면 할 수 없는 일이다. 실로 다양한 일들이 우리 집 베란다에서 일어난다.

더운 여름이 되니 집에서도 노천카페처럼 야외 디너를 즐기는 건 어떨까 하는 재미난 생각이 들었다. 그저 베란다에 테이블과 의자를 놓고 가족끼리 음식을 먹는 것이니 특별히 번거로운 것도 없다.

"아들, 오늘 저녁은 베란다 테이블에서 먹을까?"

녀석은 이렇게 조금 색다른 일이라면 언제든 찬성이다.

베란다에 테이블과 의자를 놓고 식탁보를 깔았다. 그리고 저녁으로는 작은 테이블에 놓고 즐길 수 있을 만한 부르스게타와 홈메이드 토마토소스를 넣어 만든 파스타로 정했다. 분위기를 내어보자며 남편은 턴테이블에 LP판을 걸고, 와인잔을 꺼내어 와인을 채웠다. 아들 녀석은 물을 채운 와인잔에 와인 세 방울을 떨어뜨려주었다. 처음 와인을 함께 마셨던 초등학교 1학년 때는 와인 한 방울, 그리고 한 살씩 먹을 때마다 한 방울씩 늘려 이젠 세 방울이다.

미리 좋은 자리를 예약하여 비싼 값을 치르며 먹는 레스토랑의 노천 식사는 아닐지라도, 가끔씩 즐기는 가족의 특별한 시간을 값으로 환산할 수 있을까.

기온은 끝간 데 없이 치솟는 더운 여름이지만 여전히 슈베르트의 가곡은 흐르고 있고, 우리는 맛있는 음식을 먹으며 나른한 포만감을 느꼈다. 밥을 먹은 후 남편은 3인용 소파에 널브러져 눕고, 아들은 대자리에 드러눕고, 나는 1인용 소파에 편하게 기대어 각자 책을 읽으며 차분한 음악이 흐르듯 늘어진 채 시간을 보냈다. 그리고 얼마 가지 않아 스르르 잠이 들었다.

Eco-Friendly House Cleaning

요즘 화학성분 관련 문제가 많아지면서 친환경에 대한 관심이 높아지고, 가장 대표적인 친환경 세제 세 가지, 베이킹소다, 구연산, 과탄산소다의 사용 방법에 대한 관심도 커지고 있다. 우리 집에서도 역시나 이 세 가지의 세제를 자주 사용하는 편이다. 효과도 좋은 편이지만, 무엇보다 환경적으로 안심할 수 있어 더욱 좋다.

안방에서 부엌, 욕실까지 만능 베이킹소다

어떤 세제보다 광범위하게 사용하는 베이킹소다. 우리 집에서는 거의 모든
청소에 이것을 사용한다 해도 과언이 아니다. 과일이나 채소 같은 식재료를
씻을 때 베이킹소다를 이용한다. 욕실 청소, 가스레인지 청소처럼 찌든때를
벗겨야 하는 청소에도 물이 묻은 표면에 가루를 뿌린 후 닦아낸다. 소파나
침대 청소를 할 때도 먼저 베이킹소다를 면 전체에 솔솔 뿌려 놔두었다가
청소기로 빨아들이면 먼지와 함께 냄새도 없어진다. 그밖에 가스렌지 후드를
닦을 때도 물에 베이킹소다를 풀어 담가두었다가 솔로 닦으면 깨끗하게
닦인다.

소독은 구연산

식초처럼 산의 역할을 하기에 살균 · 소독은 물론 섬유유연제 대신 사용할
수도 있다. 배수구 소독이나 물때 제거를 할 때 자주 사용한다. 부엌 일을
모두 끝내고 나면 싱크대 배수구를 씻은 후 베이킹소다와 구연산을 배수구에
함께 솔솔 뿌려준다. 그러면 베이킹소다와 반응해 치익 소리와 함께 거품이
올라온다. 그 상태로 얼마간 놔두었다가 팔팔 끓는 뜨거운 물을 부으면 배수구
소독이 된다. 전기주전자 속 물때는 닦아내기 쉽지 않은데, 물을 가득 채운 후
구연산 한 스푼을 넣고 물을 팔팔 끓여 그 상태로 30분 이상 놔두면 주전자
속의 물때가 깨끗하게 벗겨져 있다. 그렇게 끓인 물은 아까우니 싱크대 배수구
소독할 때 활용하면 낭비가 없다.

과탄산소다로 하얗게

물과 만나 산소를 발생시키는 과탄산소다는 대표적인 친환경 표백제다.
행주를 삶을 때면 늘 과탄산소다를 한 스푼씩 넣어 삶는다. 대야에 행주를
넣고, 물을 자작하게 부은 후 과탄산소다를 넣어 폭폭 끓이면 행주의 얼룩이
빠지고 색깔이 선명해진다. 세탁조 청소를 할 때에도 온수에 과탄산소다를
섞은 물로 청소를 하면 깨끗하게 청소가 된다.

생활의 美學

Chapter
03

秋

가을

예전 어느 시트콤에서 봤던 장면이 기억난다. 결벽증이라 불릴 만큼 언제나 깔끔한 집을 유지하던 주인공에게는 한 번도 공개한 적 없는 창고가 있었다. 아무리 친구들이 보여달라 해도 굳게 문을 걸어 잠근 채 열지를 않으니 친구들의 궁금증만 커졌다. 그러다 그녀가 집을 비운 사이 친구들이 몰래 문을 열자, 발디딜 틈 없이 빽빽하게 쌓여있던 각종 잡동사니들이 와르르 쏟아져내렸다.

잡동사니라는 것이 그렇다. 버리기엔 아쉽고 그렇다고 가지고 있으면 크게 사용할 일 없는 각종 생활용품들이 대부분이다. 창고라는 공간 속에 차곡차곡 쌓아가다 보면 시트콤에서와 같은 장면이 일상에서도 얼마든지 일어날 수 있다.

집에는 앞 베란다에 기본 창고 한 개와, 같은 베란다 반대편 끝에 별도로 또 하나 만들어진 붙박이장 창고, 이렇게 두 개의 창고가 있다. 처음 이사왔을 때만 해도 두 개의 창고를 모두 사용했지만, 조금씩 물건을 비워가면서 창고 속 물건들을 하나씩 점검을 해보니 사용하지 않는 물건들이 대부분이었다. 자주 사용하지 않는

비우기 전(왼쪽)과 비우고 난 후의 창고(오른쪽).
자리만 차지하던 흰색 서랍장과 1년에 몇 번 쓰지 않던
아이스박스, 버너 등을 치워 부피를 줄였다.

물건을 넣어두는 곳이 창고라는 공간이지만, 1~2년 이상 사용하지 않았다면 결국 앞으로도 쓸 일이 없을 것이니 창고에도 넣어둘 필요가 없다. 그래서 몇 년간 사용하지 않고 있던 운동용품, 사놓고 사용하지 않았던 바비큐 버너 등을 들어내 창고 하나를 비웠다. 그리고 작은 창고에 모든 물건을 합쳐 넣었다.

　자리만 차지하고 별 필요가 없었던 하얀색 플라스틱 서랍장은 아이를 키우는 지인에게 보냈다. 필요 없는 것은 비워내고, 부피는 큰데 자주 사용하지 않던 아이스박스는 접어서 사용할 수 있는 보

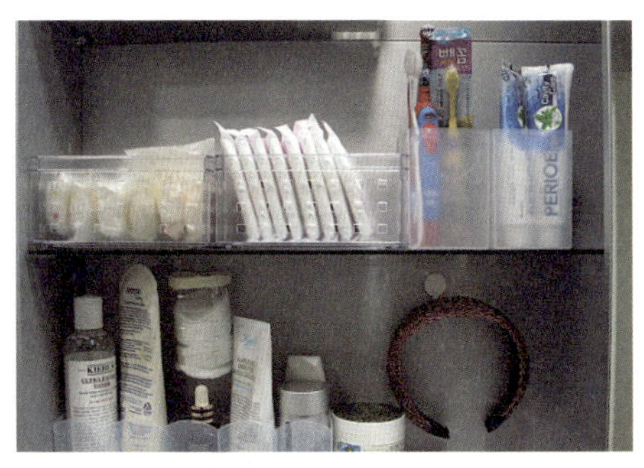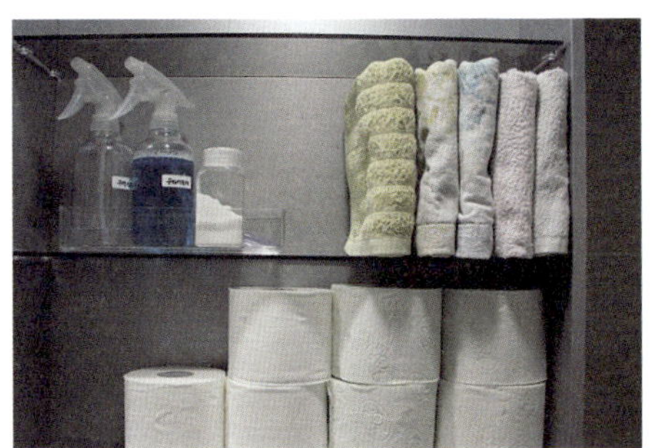

칫솔, 비누, 휴지 등으로 가득했던 욕실장(위)은 최소한의 것들만 남겨두고 비워냈다(아래).

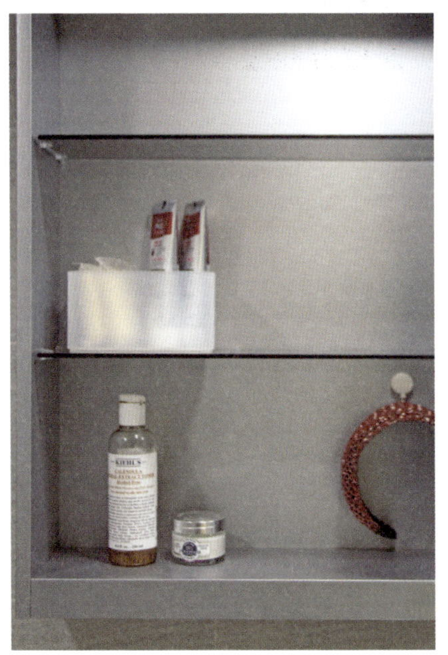

냉가방으로 바꾸었다. 이렇게 공간을 넓혀가다 보니 이제는 기존의 작은 창고마저도 남아도는 상태가 되었다.

욕실장 안에는 늘 사용하는 수건과 비누, 칫솔, 치약 등 욕실에서 사용하는 물품들의 여분을 넣어둔다. 그러나 여분을 지나치게 늘리면 작은 장 속이 포화상태가 되어버린다.

생각해 보니 치약과 비누와 같은 세면도구는 다 쓰고 떨어진다 해도 쉽게 구할 수 있는 물건이다. 욕실장을 꽉꽉 채울 필요 없이 현재 사용하고 있는 것 외에 한두 개 정도의 여분만 넣어둬도 충분했다. 나는 세수를 한 후 바로 기초제품을 사용하기 때문에 화장품을 욕실장 안에 두고 쓴다. 그래서 스킨과 로션, 크림과 같은 기초만으로도 피부에 충분한 영양을 주기에 자리만 차지하던 다른 화장품들을 비워냈다.

안방 화장대 안도 살펴보니 착용하지 않는 작은 액세서리가 지나치게 많았다. 몸에 장신구를 걸치는 것을 좋아하지 않는데, 어쩌다 눈에 띄거나 싸게 팔 때면 충동적으로 구입한 것이다. 그래서 자주 착용하지 않는 액세서리들은 팔거나 비워냈다. 대신 가격과 상관없이 내가 정말로 애착을 갖고 외출할 때 즐겨 착용하는 목걸이와 반지 몇 개만 남겼다.

여러 해에 거쳐 비우기를 해오다, 문득 가지고 있는 소유물들의 개수와 종류를 정확하게 헤아려보면 어떨까 하는 생각이 들었다. 남아 있는 물건들을 파악해볼 겸 소유물 리스트를 만들기로 했다. 자질구레한 것들은 제외하고 가구나 전자제품, 부엌에서 사용하는

자주 착용하지 않는 액세서리들은 팔거나 비우고
즐겨 하는 목걸이와 반지 몇 개만 남기고 나니 꽉
찼던 서랍장의 절반은 빈 공간이 되었다.

냄비와 팬 등의 조리도구, 그리고 옷장 속의 옷과 신발 등 부피도
있고 값도 어느 정도 있는 것들만을 모아 사진을 찍었다. 그리고
남편이 사용하던 명함첩 속에 종류별로 넣어 책자처럼 만들었다.
　이 중에 비워진 물건이 생길 때면 그때그때 사진을 빼내어 관리
를 한다. 가끔씩 생각날 때 이 책자를 넘기다 비워진 물건의 빈자
리가 듬성듬성 발견되면, 썩은이를 뽑아낸 양 시원한 마음이 든다.
간소해져가는 살림을 눈으로 확인할 수 있는 소유물 리스트는 광

고가 절반으로 채워진 패션 잡지가 아닌, 품질 좋고 소장가치가 충분한 물건들로만 가득 차 있는 카탈로그처럼 알차다.

가을볕에 말리는 채반과 도마

친환경·자연주의 삶의 방식을 좋아하다 보니, 가급적 플라스틱 제품보다 자연 소재의 도구를 사용하려고 노력한다. 특히나 식재료가 직접 닿는 채반이나 도마는 꼭 나무재질을 고집해왔다. 다만 수세미에 세제를 묻혀 쓱쓱 닦아내면 되는 플라스틱 소재와는 달리 나무 채반과 도마는 조금 더 사려 깊은 관심을 가져야 한다.

대나무 채반은 나무를 꼬아 만든 것이므로, 서로 꼬여 겹치는 부분엔 음식물이나 식재료의 찌꺼기가 끼곤 한다. 그래서 사용하고 난 후 엮인 사이사이를 솔로 닦아주고, 굵은 소금으로 문질러 소독을 겸해 닦아주기도 한다. 나무 도마도 세제 사용은 가급적 피한다. 베이킹소다와 식초를 뿌린 후 솔로 문질러 물에 깨끗하게 씻어낸 후 세워 말려준다.

세척도 중요하지만, 나무 채반과 도마의 경우 볕에 말려주는 것 이상 좋은 관리법은 없다. 바람이 솔솔 불어오는 날, 볕 좋은 곳에 내어 놓으면 바람이 한번 매만지며 물기를 날려주고, 햇볕이 내려앉아 균을 소독해준다. 그래서 더할 나위 없이 볕 좋은 가을날이면

베란다는 늘 북적거린다. 채반은 솔로 문질러 흐르는 물에 씻어주고, 도마는 거즈에 올리브유를 묻혀 마사지하듯 전체에 펴발라준 후에 베란다 의자에 조르르 세워 가을볕을 마주하게 해주었다. 나란히 나무 의자에 앉은 나무 도구들이 마치 한 식구처럼 정겹다.

옛말에 봄볕은 며느리를 쬐이고 가을볕은 딸을 쬐인다고 했었지. 햇볕이 어느 계절인들 좋지 않은 때가 있으랴만, 순하고 고운 기운을 가진 가을볕이야말로 모든 것을 건강하게 말려주는 약이다. 그리고…… 나는 나중에 내 며느리도 가을볕을 쬐게 해야지.

가을볕과 바람의 합작품, 야채 말리기

가을이 되면 이런저런 묵은 야채들 말리는 모습들을 여기저기서 심심찮게 볼 수 있다. 어릴 적 주택가에 살았을 땐 동네 너른 공터에 집집마다 빨간 고추를 펼쳐 말리는 모습을 늘 보았다. 그 모습이 그저 옛 정취라 생각만 하다, 양지바른 집에서 살면서 흔하게 자주 먹는 채소만큼은 집에서 말려먹자는 생각이 들었다.

여름이 지나가니 더운 계절 내내 먹었던 가지, 애호박이 슬슬 지겨워지기 시작했다. 냉장고를 열어보니 아직도 야채 칸에 들어있는 가지와 호박. 이젠 뭘 해 먹어도 이것들이라면 가족들도 마다할 것 같다. 맑은 하늘, 뜨거운 태양빛 아래서 말리기로 마음먹었다. 더불어 가을빛을 머금어 아름다운 적색이 된 홍고추와 가을 제철 재료인 표고버섯까지 함께 채반에 펼쳐 베란다에 내놓았다.

애호박은 둥글넓적하게 썰어 채반에 펼치고, 가지는 통으로 사등분을 한 후 베란다 간이 빨랫줄에 척 걸쳐놓았다. 그리고 냉장고에 토막으로 남은 무도 굵게 채썰어 실에 꿰어 빨랫줄에 걸어두었다. 그렇게 내놓은 야채들은 그때부터 나의 손을 떠나 태양으로 인

수인계된다. 며칠이 지나면 햇볕이 알아서 이것들을 바싹 말리고, 쭈글쭈글해진 주름 사이사이에 온갖 영양소를 인심 좋게 듬뿍 넣어줄 것이다. 가을에 야채를 말리는 주체이자 주인공은 무조건 햇볕이다. 세상 가장 좋은 햇볕과, 소리 없이 그를 돕는 바람 덕분이었는지 싱싱한 상태로 널어놓았던 야채들은 며칠 지나지 않아 독특하고도 깊은 향기를 발산하며 아주 잘 말라주었다.

채소를 말리면 수분 함량은 적어지는 대신 무기질과 식이섬유 함량이 높아지고 칼슘 흡수를 돕는 비타민 D의 함량도 높아진다고 한다. 영양소뿐 아니라 같은 야채라 하더라도 날것과는 다르게 말린 것에서는 깊은 맛이 우러난다. 쫄깃하게 씹히는 식감도 좋지만, 물에 불려 들기름으로 조물조물 무쳐 볶아내면 말린 나물들에서 풍기는 진한 향기를 느낄 수 있다. 푸른 채소가 드문 추운 계절에 먹으면 따스하고도 정겨운 정서를 자아낸다.

가을 과실로 만든 사과잼과 밤 콩포트

가을의 대표적 제철과일이라면 역시 사과다. 추석 무렵이 되면 차례용으로 마련하고, 선물로도 사과 한 상자씩을 받으니 늘 사과가 차고 넘친다. 더불어 상에 올린 깐 밤도 남기는 마찬가지다. 다행히 식구들 모두가 좋아하는 것들이지만 물리도록 먹다 보면, 장을 보러 가도 슬쩍 다른 과일로 눈이 돌아간다. 그러다 보니 점점 거뭇하게 상처가 나는 사과가 하나둘 생기기 시작한다.

냉장고에 넣어둔 밤은 벌레 먹지 않을까 걱정이 된다. 이젠 다른 조치를 취해 남은 것을 처리해야 한다. 그때 만드는 것이 바로 잼과 콩포트(과일이나 견과류를 설탕에 졸인 음식)다.

사과를 잘게 썬 후 무쇠솥에 담고 사과 무게의 2분의 1 정도의 설탕과 레몬즙 몇 방울을 넣는다. 그리고 기다림의 미학을 즐기며 천천히 저어주었다. 이 시간은 달콤하기 그지없는 기다림이다. 잼이 끓으며 올라오는 김과 레몬의 상쾌하고도 청명한 향기, 사과가 머금고 있다 설탕을 만나 뿜어내는 달콤아삭한 가을 내음이 모락모락 묻어나온다. 시간이 지날수록 묽은 액체가 진하게 농축되니

177

향기는 더욱더 짙어진다.

한참을 졸여 액체가 걸쭉해지면 불을 끄고 곧바로 병에 담아 뚜껑을 단단히 돌려 닫아 완성시킨다. 잘 만들어진 사과잼을 따끈하고 바삭하게 구워낸 식빵 위에 펴발라 입에 넣고 오물거리면 입 전체로 향긋한 가을 향이 퍼진다.

그러고도 사과가 남아 듬성듬성 썰어 콩포트를 만들기로 했다. 냄비에 물과 설탕을 넣고 끓이다 썰어놓은 사과와 계피조각을 넣어 사과가 말랑거리며 투명해질 때까지 끓여주었다. 말캉말캉하

니 기분 좋은 질감을 가진 사과 콩포트는 아침에 팬케이크를 먹을 때 얹어먹기도 하고, 이것을 그대로 타르트 반죽 위에 얹어 사과파이를 만들 때도 사용한다.

밤 콩포트는 생밤과 무게의 3분의 1 정도의 설탕을 넣어 끓인다. 밤이 충분히 익을 때까지 졸여 불을 끄면 간단하게 밤 콩포트가 완성된다. 고소하고 달큰한 향이 물씬 배어 있는 밤 콩포트는 입이 심심할 때 과자 먹듯 그냥 먹어도 맛있다. 또 물기를 충분히 빼고 적당한 크기로 조각을 내어 밤 식빵을 만들거나, 콩포트 위에 팥 앙금을 씌워 소를 만들고 그것으로 밤 만주를 만들어 먹어도 맛이 그만이다.

　가을에 나는 과실들은 너무나 잘 영글어 날것으로 먹어도 맛있다. 저장식품으로 해놓아도 자체에 당분이 많아 무엇을 하든지 맛있다. 빵을 굽거나 디저트 만들기를 좋아하는 사람이 가을이란 계절을 좋아할 수밖에 없는 이유가 이때문이다. 과실의 천국 가을은 그 모든 걸 받으며 누리는 사람들에게도 천국의 계절이다.

한낮 따가운 햇살 아래 앉아 있으면 뺨에 와 닿는 바람의 수분기가 가셔 있음을 직감적으로 알아차린다. 몸은 직감적으로 알게 된다. 이제는 집안에 훈풍이 돌기를 원하고 있으며, 우리 몸을 덮혀줄 따끈한 음식을 섭취할 때가 되었다는 사실을. 따스하고 달콤한 맛이 그리워진다.

얼마 전 만들어놓은 사과 콩포트를 꺼냈다. 그리고 밀가루에 버터와 설탕, 소금을 넣고 반죽해 잠시 냉장고에 둔다. 적당히 단단해진 파이 반죽을 넓게 밀어 타르트틀에 잘 깔아준다. 구워질 때 파이가 들뜨지 않도록 포크로 여기저기 콕콕 찍어 구멍을 내었다. 그리고 맛있게 만들어둔 사과 콩포트의 물기를 빼고 파이지 위에 부어 평평하게 잘 골라주었다.

이어서 할 일은 사과파이의 포인트라고 할 수 있는 뚜껑 덮기다. 남은 파이 반죽을 리본처럼 자른 후 파이 위에서 서로 아래위로 엇갈려가며 엮어나가면, 바구니 모양과 같은 귀여운 뚜껑이 완성된다. 어릴 적 동화책에서 피크닉을 가는 귀여운 소녀는 늘 이런 모

양의 바구니를 들고 있었던 것 같다.

파이가 완성되어 오븐 문을 여니, 사과 향기가 온 집안에 퍼져나간다. 오븐에서 나온 사과파이는 추수를 앞두고 일렁이는 논의 황금색 빛깔을 띤다. 칼을 쑥 집어넣고 자를 때마다 파이 결들이 부서지며 마른 낙엽 밟을 때와 비슷하게 바스락 바스락 소리를 낸다. 소리로 질감을 듣고 눈으로 맛을 보고, 별개로 놀던 각각의 감각기관이 하나의 공감각으로 전환하는 순간이다.

한입 크게 입에 넣으니 아, 이게 가을이지 싶다. 딱히 세련되지도 않고 케이크처럼 사르르 입에서 녹는 것도 아닌, 그저 시골 오두막집에서 가족들과 옹기종기 모여 먹으면 좋을 것 같은 이 소박함. 사과파이를 보니 가을의 풍성하고 다정한 정서가 그대로 담겨 있다는 생각을 하게 된다. 바구니 모양의 사과파이가 정말로 바구니 하나 가득 가을을 담은 셈이다.

일년 내내 맛있고 건강하게, 식단표 짜기

매월 말이 되면 꼭 하는 일이 있다. 다음 달 한 달 동안 해먹을 반찬과 식단을 미리 짜놓는 것이다. 신혼 때부터 월말이 되면 가계부와 더불어 식단표를 작성하는 것이 습관이 되었다.

우선 식단표를 작성하기 전에 냉장고를 열어 현재 남아 있는 식재료부터 확인한다. 냉동실, 냉장실의 서랍, 문 쪽의 포켓을 모두 들여다 보고 냉장고의 남은 식재료를 수첩에 적는다. 그리고 책상 옆 칠판에 붙여놓은 제철 식재료 표를 꺼내든다. 이 표에는 월별로 제철 식품들이 야채와 과일, 해물까지 모두 나열돼 있고, 그것들로 만들 수 있는 음식의 예도 있어 식단을 짤 때 도움이 된다. 무엇보다 제철 재료들 중 가족이 좋아하는 재료와 반응이 좋았던 음식으로 직접 구성한 '우리 가족 전용 표'이기 때문에, 이 표에 있는 어떤 재료로 어떤 음식을 하든지 성공확률이 100퍼센트다.

표에 있는 제철 식재료와 냉장고에 남아 있는 재료들을 바탕으로 만들 수 있는 음식들을 구상하기 시작한다. 하나의 식재료로 한 개의 반찬만 만드는 것이 아니라, 자투리가 남지 않도록 두루두

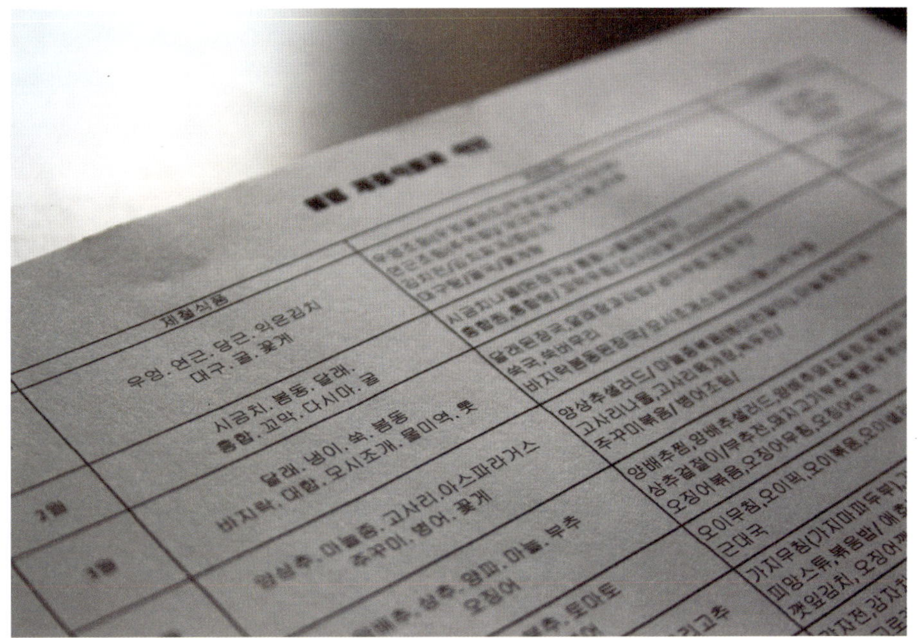

루 활용할 방법을 고민하면서, 생각나는 메뉴를 노트에 적어나간다. 순서 없이 생각나는 대로 적다가 한 달치 분량의 메뉴가 쌓이면 이를 한 주씩 나누어 한 주에 반찬 3~4개 씩을 배치하여 정리하면 된다. 야채, 고기, 해물 등의 주재료가 몰리지 않고 적당히 분산될 수 있도록 한다.

그렇게 주별로 만들 반찬을 묶은 후 장볼 것들을 옆에 입력하고 대강의 금액을 계산하여 예산을 적어 넣는다. 이번 주 메뉴는 돼지고기생강구이, 표고연근조림, 마카로니샐러드다. 그러면 장볼 것은 돼지고기와 마카로니, 연근이며 예산은 15,000원 하는 식이다. 물론 아들이나 남편이 뭔가 다른 걸 먹고 싶어 할 때면 예정에 없던 식재료를 구입하게 되고 늘 먹는 우유나 달걀, 빵, 과일 등도 예측하기 쉽지 않다. 간장이나 설탕, 밀가루 등의 식재료가 갑자기 떨어져 구입하게도 되니, 그런 여유 비용들을 감안해서 '기타' 비용에 집어넣는다.

이렇게 하면 신혼 때부터 지금껏 적어왔던 한 달치 식단표가 완성된다. 하루 잠깐 시간을 내어 약간의 머리를 짜내야 하는 번거로움은 있지만, 미리 식단표를 짜놓으면 '오늘 뭐 해먹지' 하는 고민이 없어진다. 또 충동적으로 구입해 불필요한 음식쓰레기와 불필요한 지출이 생기는 것을 줄일 수 있다. 거기에 주별로 식단표를 짜니, 매일 반찬을 만들 필요 없이 한 주에 하루 날을 잡아 반찬을 몰아 만들고, 김치나 김 등의 간단한 반찬만 곁들이면 되니 음식 만드는 스트레스도 줄어든다.

가을이 되니 식단표를 짜면서 즐거운 비명을 지르게 된다. 가족들이 좋아하는 먹거리는 너무나 많아 행복한데, 이것들을 가을이 가기 전에 모두 다 먹을 수 있을까 하는 생각에 한편으론 마음이 조급해진다. 거기다 삼촌께서 텃밭에서 나는 각종 유기농 채소며 과일들을 엄청나게 보내주시니 자칫 식재료의 파도에 휩쓸리지 않을까 걱정스럽기까지 하다. 그래서 가을철 식단표를 짜는 시간은 고민과 걱정에 머리가 아프면서도 동시에 콧노래를 흥얼거리게 된다.

Carte

한해 동안 맛있고 건강하게,
우리집 제철 식단표

● 채소 ● 해산물 ● 과일

월	제철식품	국과 반찬
1	● 우엉/ 연근/ 당근 ● 굴/ 조개/ 대구/ 명태/ 아귀/ 가자미 ● 귤	국: 두부달걀국/ 해물찌개/ 홍합탕/ 황태국/ 두부새우젓국/ 파래굴국/ 쇠고기미역국 반찬: 오이생채/ 시래기된장나물/ 달걀장조림/ 동태무조림/ 우엉조림/ 미역초무침/ 흰살생선찜/ 김치부침개/ 북어포무침/ 연근조림/ 시금치나물
2	● 쑥갓/ 시금치/ 고비/ 봄동/ 양파/ 달래/ ● 홍합/ 꼬막/ 굴/ 전복/ 다시마/ 파래/ 명태 ● 귤	국: 시금치된장국/ 굴국/ 봄동새우국/ 청양고추조개탕/ 모시조개된장국/ 우거지조개된장 반찬: 두부호박오가리조림/ 백김치편육생채/ 달래두부무침/ 봄동된장무침/ 청포무침/ 파래무침/ 톳된장무침/ 더덕양념구이/ 명란젓달걀말이
3	● 봄동/ 달래/ 냉이/ 고들빼기/ 쑥/ 두릅 ● 굴/ 바지락/ 대합/ 조개/ 물미역/ 조기/ 임연수 ● 딸기/ 금귤	국: 콩가루연배춧국/ 배추속대국/ 우거지된장국/ 김치콩비지찌개/ 바지락냉이콩나물국/ 생태찌개/ 참나물마른새우국 반찬: 돼지고기완자조림/ 홍합달래무침/ 취나물청국장가루두부무침/ 두릅무침/ 꼬막무침/ 청포묵무침/ 달걀찜/ 상추쑥갓겉절이/ 멸치고추장볶음/ 참나물무침

4	● 양상추/ 껍질콩/ 머위/ 죽순/ 취/ 쑥/ 상추/ 마늘종/ 고사리 ● 바지락/ 주꾸미/ 멸치/ 조기/ 병어/ 갈치 ● 딸기/ 살구	국: 두부고추장찌개/ 고사리버섯육개장/ 순두부국/ 대합쑥국 반찬: 뱅어포볶음/ 참나물달래전/ 풋마늘대무침/ 죽순채/ 얼갈이봄동들깨나물/ 오이나물/ 고등어된장조림/ 단호박갈치조림/ 명란젓달걀찜
5	● 양배추/ 완두/ 미나리/ 도라지/ 양파/ 더덕/ 마늘종/ 부추/ 상추/ 파 ● 오징어/ 잔새우/ 고등어/ 멸치/ 꽃게 ● 딸기/ 앵두	국: 오징어매운찌개/ 파조개국/ 고등어김치찜/ 연두부냉국 반찬: 고구마순볶음/ 두부조갯살탕수/ 도라지된장무침/ 바지락마늘볶음/ 미나리무침/ 상추양파무침/ 느타리버섯굴소스볶음/ 해초샐러드/ 해초두부냉채/ 북어장아찌
6	● 샐러리/ 껍질콩/ 오이/ 호박/ 양파/ 근대/ 부추 ● 전복/ 오징어/ 민어/ 병어/ 삼치/ 전갱이 ● 참외/ 매실/ 토마토	국: 근대미소된장국/ 오이냉국/ 오징어무국/ 시금치국/ 콩나물쇠고기국/ 근대된장국 반찬: 부추삼겹살찜/ 연근초절임/ 가지새우살쇠고기볶음/ 죽순초고추장무침/ 해물냉채/ 병어고추장조림/ 메추리알장조림/ 시금치들깨소스무침/ 오이오징어초무침
7	● 부추/ 양상추/ 가지/ 피망/ 애호박/ 열무/ 꽈리고추/ 깻잎/ ● 갑오징어/ 농어/ 병어 ● 수박/ 딸기/ 참외/ 자두	국: 오징어호박매운탕/ 콩비지찌개/ 황태전골/ 병어간장조림/ 김치순두부국/ 돼지고기감자탕 반찬: 가지무침/ 양파미역무침/ 열무된장무침/ 갑오징어냉채/ 호박게살전/ 꽈리고추찜/ 가자미고추조림/ 가지들깨나물/ 해물냉채/ 연두부부추샐러드

8	● 오이/ 풋고추/ 양배추/ 깻잎/ 감자/ 옥수수/ 강낭콩/ 가지/ 고구마순 ● 전복/ 장어/ 해파리 ● 수박/ 포도/ 복숭아/ 멜론	국: 두반장두부호박찌개/ 된장국/ 쇠고기버섯전/ 콩나물새우젓국/ 낙지전골/ 무시금치된장국/ 반찬: 고추잡채/ 돼지고기죽순볶음/ 감자베이컨볶음/ 꽁치조림/ 감자조림/ 해파리냉채/ 간장닭갈비/ 우엉고추장무침/ 상추매콤겉절이/ 메추리알유부조림
9	● 고구마/ 아욱/ 풋콩/ 토란/ 느타리/ 표고/ 당근/ 붉은고추/ 감자 ● 꼬막/ 대합/ 꽁치/ 갈치 ● 배/ 사과/ 포도/ 석류/ 무화과/ 밤/ 인삼	국: 아욱된장국/ 팽이버섯연두부찌개/ 불고기전골/ 토란탕/ 버섯매운탕 반찬: 시금치된장겉절이/ 새송이김치볶음/ 표고버섯조림/ 양송이오징어조림/ 도라지나물/ 주꾸미채소매운볶음/ 열무나물/ 연어된장무조림/ 오이지무침/ 우엉된장조림
10	● 고추/ 무/ 송이/ 양송이/ 느타리/ 마늘/ 팥 ● 홍합/ 대하/ 꽁치/ 고등어/ 갈치/ 연어 ● 사과/ 감/ 밤/ 오미자/ 모과/ 유자/ 은행/ 도토리	국: 갈치된장조림/ 버섯청국장/ 으깬두부달걀국/ 꽃게토장국/ 버섯들깨탕 반찬: 마른새우고추볶음/ 느타리버섯장아찌/ 부추콩가루찜/ 오징어채볶음/ 갈치조림/ 마늘깨무침/ 감자쇠고기볶음/ 뱅어포튀김/ 장조림/ 토란완자찜
11	● 배추/ 무/ 파/ 당근/ 우엉/ 연근/ 늙은호박 ● 꽃게/ 대하/ 대합/ 오징어/ 옥돔/ 연어/ 대구 ● 사과/ 배/ 귤/ 감/ 키위/ 유자/ 모과	국: 대합맑은전골/ 홍합매운탕/ 굴국/ 오징어불고기찌개/ 배추속대국 반찬: 오징어무생채/ 양배추연근생채/ 미역어묵무침/ 버섯된장무침/ 우엉조림/ 무말랭이무침/ 꽈리고추오징어조림
12	● 콜리플라워/ 브로콜리/ 산마/ 연근/ 생강 ● 굴/ 맛살조개/ 꼬막/ 김/ 미역/ 꽃게/ 낙지/ 가자미 ● 귤/ 바나나	국: 꽃게찌개/ 꼬막된장찌개/ 무홍합맑은탕/ 배추굴맑은국/ 맛살조개미역국/ 배추된장찌개/ 생태콩나물매운탕 반찬: 동태찜/ 꽃게부추무침/ 부추달걀찜/ 연근조림/ 햄게맛살무침/ 된장우거지나물/ 감자당근채볶음/ 돼지고기양파볶음

책 읽는 주말, 그리고 가족

매일 선선한 바람과 한결 차분해진 바깥 풍경, 고운 햇살……. 주말이면 당연히 밖으로 나가야만 할 것 같은 계절이지만, 아무리 머리를 짜내도 딱히 갈 만한 곳이 없을 때도 있는 법이다. 주말이라고 꼭 어딘가 외출을 해야 하나. 바깥 공기 신봉자인 우리 아들도 "그냥 오늘은 집에서 책 읽으며 보내자"는 말에 흔쾌히 고개를 끄덕이는 흔치 않은 날이 있다.

그래서 아무것도 계획하지 않은 화창한 가을날 주말이면, 우리 가족은 실컷 늦잠을 자고 일어나 게으름을 피우다가 늦은 아침 겸 점심을 먹은 후 책을 읽는다. 집안은 절간처럼 고요해진다. 남편은 소파에 비스듬히 앉아, 나는 일인용 소파에 기대어 앉아 커피 한 잔을 탁자 위에 올려놓은 채 책을 읽고, 아들은 안방 침대 위에 앉아 뒹굴거리며 책을 읽는다.

책 읽는 것으로 시작하여 책 읽는 것으로 끝나는 단조로운 주말이지만, 어쩌면 월요일부터 금요일까지 정신없는 날을 보낸 것에 대한 보상인지도 모른다.

온 가족이 책을 좋아하다 보니 적어도 2주에 한 번씩은 도서관이나 서점을 간다. 도서관에서 생각해두었던 책을 빌려 읽거나, 서점에 가서 산책하듯 복도를 따라 걸으며 눈에 띄는 책을 구경하고, 마음에 드는 것은 구입하기도 하면서 말이다.

가족의 생일이 되면 비싼 돈을 들여 선물을 하는 것이 멋쩍기도 하고, 의미도 없이 소모되어버리는 물건으로 선물을 하는 것이 싫어, 생일엔 직접 골라준 책을 선물하는 것이 우리 가족의 약속이 되었다. 가족에게 가장 의미 있는 날이 생일이니, 서로에게 주는 선물도 의미 있는 것으로 하고 싶어서였다. 어린 아들은 나와 남편의 생일에 아직은 우리의 도움을 받아 책을 골라 선물하지만, 시간이 지나 녀석이 철들고 성장하면 우리에게 어떤 책을 골라줄지 기대하게 된다. 녀석이 우리에게 선물하는 책만으로도 성장의 과정을 알 수 있다는 것, 앞으로의 생일이 기대되는 이유다.

집 거실에 놓인 장식장에는 여태껏 생일에 서로에게 받았던 책들이 꽂혀있다. 특별한 날의 특별한 선물이라, 서재의 책장이 아닌 특별한 곳에 보관해두는 것이다. 가족끼리 선물로 주고받은 책도 있지만, 가장 눈에 띄는 것은 열몇 권에 달하는《어린 왕자》다. 스물일곱 살 때부터(내가 스스로 어른이 되었다고 생각한 나이가 그 나이다) 어린왕자와 같은 순수한 마음, 본질을 있는 그대로 바라보는 눈을 간직하자는 메시지를 스스로에게 주기 위해 매년 생일이면 내게 주는 선물로 한 권씩 구입한 것들이다.

한살 한살 먹으며 읽을 때마다 새롭게 생각할 거리를 던져주는

이 책에 대한 나의 경외심을 가족들도 너무나 잘 알고 있어, 남편은 해외로 출장을 가면 그 나라의 언어로 된 《어린 왕자》를 꼭 한 권씩 선물로 사가지고 온다. 이제는 내 생일이면 온 가족이 서점에서 함께 《어린 왕자》 책을 고르게 되었으니, 결혼 전 혼자 하던 행사가 결혼하고는 둘의 행사가 되고, 또 하나의 가족이 생기고부터는 셋이서 함께 나누는 행사가 된 것이다.

"중요한 것은 눈에 보이지 않아"라는 내가 가장 좋아하는 《어린 왕자》의 글귀처럼, 진정 중요한 것은 눈에 보이지 않는 것인가보다. 우리 가족에게 책이란 단순히 글을 묶은 종이가 아니다. 함께

추억을 공유하고 이해하고 공감하는, 눈에 보이지 않는 본질적인
가족 간의 사랑을 의미한다.

월동 준비, 유자청

첫서리 내리는 쌀쌀한 11월 무렵이면 본격적으로 수확을 하는 유자. 겨울철 감기에 좋다고 해서 유자를 주문한 것이 11월 첫째 주였건만 계속 비가 온 탓에 수확이 늦어져 11월 중순이 되어서야 유자가 도착했다. 그래도 고흥서 무농약으로 정성스레 길러 수확한 유자라 알도 실하고, 겉보기엔 기미주근깨 많은 피부처럼 보였지만 막상 눌러보니 몰랑몰랑한 것이 연약하고 부드럽다.

5킬로그램을 주문한 유자는 베이킹소다를 뿌려 박박 문질러가며 한 번, 식초 물에 담가 한 번, 그리고 마지막으로 맑은 물에 한 번, 그렇게 총 세 번을 씻었다. 거뭇한 얼룩과 흙이 묻어 방금 광산에 다녀온 것 같던 것들을 여러 번 씻어주니 반짝반짝 윤기기 나기 시작했다. 고운 빛깔은 물론 씻을 때마다 코를 은은하게 스치는 유자의 향기는 보너스다.

진짜 일은 이제부터다. 유자를 가로로 반 가르면 참 성가시게도 어느 하나 빠진 곳 없이 커다란 씨들이 알차게도 박혀 있는데, 이것들을 모두 제거해야 한다. 한참을 집중하여 씨들을 다 빼낸 후엔

과육을 따로 떼어 그릇에 담고, 유자의 하얀 속껍질을 모두 제거한 후 겉껍질을 최대한 얇게 채썰었다.

따로 놔두었던 유자 과육은 즙을 꼭 짜낸 후 듬성듬성 칼질하여 자른다. 채 썬 유자 겉껍질과 과육, 유자즙을 커다란 그릇에 담고, 유자와 동량인 5킬로그램의 설탕과 함께 버무려주었다. 한참 버무리다 위생장갑에 묻어있는 설탕을 혓바닥으로 맛보니 유자맛 설탕이다. 어쩌면 이리도 향기로운 향을 머금고 있을까.

딱 일주일만 기다리면 달콤하고 부드러운 향기 물씬 풍기는 진한 유자청으로 숙성되겠지. 유난히 유자차를 좋아하는 나는 완성된 세 개의 병을 보며 나도 모르게 고이는 침을 꿀꺽 삼킨다. 곰이 꿀을 그렇게 좋아한다더니 별명이 곰인 나도 꿀맛 나는 유자청을

좋아하네. 그러고 보니 난 정말 전생에 마당쇠가 아니라 곰이었을
지도 모르겠다. 하지만 곰들은 겨울이 되면 산속 저 너머로 숨어
들어가 실컷 겨울잠에 빠지는데, 사람 곰인 나는 겨울이나 봄이나
여름이나 가을이나 사계절 동면도 취하지 않은 채 일을 벌인다.

행주 삶는 가을

여름 하늘에서는 뭘 말려도 습기 때문에 개운하지 않다. 분명 다 마르긴 했는데도 바짝 마른 것 같지 않아 찝찝하고, 눅눅한 걸 입으면 쉰내가 난다. 그렇게 눅눅한 여름을 지내다 가을이 되면 무엇을 말려도 바짝바짝, 바스락거리는 낙엽만큼이나 말라주니 빨래를 널 때도 신이 난다. 가을 햇볕에 말려두면 무엇을 말려도 모든 것이 건강해질 것만 같은 생각이 들기도 한다.

부엌에서 사용하는 행주들도 가을이 되면 더욱 자주 삶아 말리게 된다. 부엌에서 가장 궂은일을 많이 하며 항상 마를 날이 없는 것이 행주다. 막 쓰는 만큼 상대적으로 다른 것에 비해 신경을 덜 쓰게 되는 것이 싫어, 흡습성도 좋고 보기에도 예쁜 것으로 행주를 구입하여 사용해왔다. 보험사나 은행 등에서 주는 사은품을 사용하는 경우도 있지만, 일부러 직접 요모조모 신중하게 골라 구입한 예쁜 행주를 사용하게 되면 하찮아 보이던 행주에도 관심을 가지게 되고 관리도 열심히 하게 된다.

우리 집에선 세 개의 행주를 사용한다. 첫 번째는 싱크대나 식탁

위를 닦는 용도로, 또 하나는 설거지를 마치거나 식재료를 다듬고 난 후 손을 씻고 물기를 닦는 용도로, 나머지 하나는 설거지를 한 후 그릇에 남은 물기를 닦는 용도로 사용한다. 그렇게 사용한 행주들은 적어도 일주일에 한 번씩 대야에 넣고 뜨겁게 폭폭 삶아준다.

대야에 물을 받고 베이킹소다와 과탄산소다를 넣어 녹인 후, 행주들을 넣고 가스레인지에 올려 한참동안 김이 모락모락 나도록 폭폭 삶아낸다. 법랑 대야는 직접 불에 올려 가열해도 상관없는 재질이라, 그대로 삶아낸 후 곧바로 물에 행구는 것까지 모든 과정을 한 곳에서 할 수 있어 도구도, 공간도 절약된다. 한 번씩 행주를 뒤집어가며 삶아낸 후 맑은 물이 나올 때까지 헹궈 물을 꼭 짜

서 널어 말리면, 깨끗하고 예쁜 행주로 부엌을 위생적으로 관리할 수 있다.

가을철이면 투명하고 푸른 가을 하늘 아래 놓인 행주들의 모습이 보고 싶어서 베란다를 가로질러 쳐놓은 간이 빨랫줄에 쫙 펼쳐 말리곤 한다. 가을 햇살 덕에 불과 한 시간 만에 바짝 말라버렸다. 잘 마른 행주들은 차곡차곡 접어 바구니에 보기 좋게 담아두고, 다음에 사용할 것을 기약한다. 이 좋은 계절엔 집안에서 가장 홀대받는 행주마저도 귀부인이 된다.

가을이라면 무엇인들 못하랴

가을 장을 보러 가면 과일이며 야채며 종류도, 양도 차고 넘치니 그저 구경하는 것만으로도 마음이 든든해진다. 거기에 선선한 바람에 은은하게 내리쬐는 적당한 햇볕까지. 가을은 게으름피던 베짱이마저 신이 나 일하게 만드는 계절이다. 그래서인지 이 계절엔 유난히 부엌에서 지내는 시간이 많아지게 된다. 어떨 땐 하루 종일 부엌에서 시간을 보내기도 하면서.

아침 일찍부터 부엌에서 아침 준비를 한 후, 아이와 남편의 아침상을 차려주고 뒷정리를 한다. 가을이 되면서 부쩍 식욕이 돋는 아들 덕에 금세 동나는 반찬들을 새것으로 채워 넣기 위해 가을의 풍성한 식재료를 이용한 먹을거리들을 또다시 준비한다. 그나마 결혼 15년차에 접어들어 는 것은 '속도'다. 한꺼번에 일을 착착, 척척, 체계적으로 하니 생각보다 완성하는 데 시간이 오래 걸리지 않는다.

가을이 되면 가스레인지가 쉴 날이 없다. 요리를 한 직후에 여기저기 기름 튄 가스레인지를 싹싹 닦아야 나중에 한꺼번에 닦는 수

고를 덜 수 있다. 설거지감은 늘 업데이트되니, 설거지를 마친 그 릇들은 금방금방 마른 행주로 싹싹 닦아 제자리에 가져다 놓는다.

그리고 잠깐의 휴식. 긴 여유를 즐기는 날이면 거실 암체어에 몸을 파묻곤 하지만, 이렇게 이것저것 음식을 해야 하는 날이면 커피도 식탁에서 마시는 것이 편하다. 그렇게 한숨 돌리며 따뜻한 차 한 잔을 몸속에 흘려 넣고 나른하게 앉아 여유를 즐기는 시간은 참으로 꿀맛이다. 물론 그 와중에도 밥솥에선 밥이 지어지고 있고, 냄비에선 육수가 우러나고 있다. 짧은 시간도 깨알같이 이용하는 것은 여러 해에 걸쳐 습득한 노하우다.

　휴식을 즐긴 후에는 다시 일어나 빨래를 넌다. 모르는 사이에 훌쩍 높아지고 깊고 푸르러진 하늘을 바라보며 빨래를 널고 나니, 건조대에 대롱대롱 매달린 양말마저도 그림처럼 느껴져 마냥 신이 난다. 환기를 시키기 위해 활짝 열어둔 창문으로 선선한 바람이 불어 들어와 양말을 건드리고 가니, 양말들도 흔들거리며 춤을 춘다.

　밤에도 갑작스레 간식을 찾곤 하는 살 오른 아들의 요구엔 기뻐서라도 용수철처럼 튀어나가게 되는 것이 엄마다. 그렇게 지는 해마저도 부엌에서 바라보며 일과를 마친다. 하지만 가을이면 조증이라고 스스로 이야기할 만큼 하루종일 들떠 있는 내겐, 이 바쁜 하루를 마치는 시간에도 '뭐 더 할 것 없나' 하며 두리번거리게 만드는 것이 가을이라는 계절의 힘이다. 아무리 바쁜들 가을이라면. 가을이라면 무엇인들 못하랴.

추락(秋樂)

가을은 늘 내게 휴식이 되어주고 안식과 위로가 되어준다. 12년 전 봄, 내 아버지를 떠나보낸 후 삶의 의지마저도 상실하고 있을 때 어느새 찾아와 곱게 세상을 물들이더니 하나둘씩 낙엽을 떨구며 내게 말해주었다.

'모든 건 이렇게 떨어지는 거야. 추락이 꼭 슬픈 건 아니란다. 떨구어낼수록 더 홀가분해지고 자유로워지니까. 그래, 참지 말고 그냥 울어. 눈물을 모두 떨어뜨리고 나면 마음이 편해질 거야.'

내 속에서 떨구지 못한 채 고여서 곰을 뻔했던 눈물을 다 떨어뜨리고 나니 가슴 한켠의 슬픔과 죄책감에서 자유로워졌다. 그리고 '그래, 다시 살아보자'라는 생각이 들었다. 그 이후부터 가을은 내게 더욱 각별해졌다. 마치 이 계절은 내게 아버지가 보내주시는 짧은 선물인 것 같았다. 나를 위로하고 보듬어주기 위한.

가을의 가장 절정인 10월. 중년의 시기는 10월과 여러모로 많이 닮아 있다는 생각이 든다. 자연의 빛깔도, 자연에서 나오는 산물도, 모든 것이 풍성하지만, 가장 쓰임이 많아 이내 닳고 사그라든다. 꽃이 만개하고 신록이 우거졌던 봄과 여름날의 파릇함은 사라졌지만 무에서 유를 낳고, 유가 절정에 닿았다가 조금씩 저물어가는 과정을 다 감내하고 겪어 그만큼 깊이를 더한다. 청춘의 열기와 가슴뜀을 한켠에 간직하고 있으면서도 때론 그것을 차분하게 가라앉히고 절제할 줄 아는 중용의 미덕도 갖추었다.

한편으론 얼마 있으면 찾아올 추운 겨울철을 차분하고 신중하게 준비하고 대비하는 시기가 바로 10월의 가을이기도 하다. 배리 매닐로의 노래 'When October Goes'나 이용의 '잊혀진 계절' 속 "10월의 마지막 밤"이라는 가사에서 왜 하필 그 많은 시기 중 10월에 대한 안타까움을 노래한 것이 많을까 예전엔 의아해했는데 지금 나이가 되고나니 이제야 그 이유를 알겠다.

나이를 먹어가며 떨어지는 낙엽이 조금씩 다르게 보인다. 하나둘씩 바람을 타고 툭툭 낙엽이 떨어질 때면, 쓸쓸함이 꼭 공허함과 슬픔만을 주는 건 아니라는 걸 느끼게 된다. 오히려 집착을 내려놓고 한결 자유롭고 한가로워진 느낌이다. 진한 녹음이 점점 노랗고 빨갛게 변하는 건 조금 있으면 모든 게 추락할 것임을 예고하는 의식이지만, 늘 푸르기만 한 것보다 이렇게 아름다운 색을 간직하고 떠나는 것이 저물어가는 존재의 아름다운 뒷모습이며 순리임을 알려주며 늘 나를 고운 빛으로 달래준다. 때가 되면 추락한다는 건 어떤 존재라도 맞이해야 하는 운명이며, 그래서 삶이 아름다운 것이다.

떨어진 낙엽들이 바닥 위에서 넘실거리며 바람에 따라 자유롭

게 굴러다닌다. 예전엔 그렇게 슬퍼보였던 것이 시간이 흐르고 나니 자유롭고 홀가분하게 보인다. 가을날의 추락은 절망의 나락으로 떨어지는 추락(墜落)이 아니다. 가을날의 추락은 희망과 즐거움을 주는 추락(秋樂)이다.

가을 자수 벽걸이 만들기

가을이 되어 가을을 주제로 한 자수 벽걸이 만들기를 손꼽아 기다렸건만 가혹한 무더위는 통 사라질 줄 모른다. 입추와 처서도 지나고 절기상으론 분명 '가을'이 맞는데도 가을 벽걸이 만들기는 미뤄지고 있었다. 그러다 드디어 새벽의 찬 공기를 온몸으로 느낀 날, 이젠 정말 가을이 왔다는 확신에 오래도록 기다렸던 가을 자수 벽걸이를 만들기로 했다.

사계절 중 내가 가장 좋아하는 계절이며, 그럼에도 계절 중 가장 일찍 사그라드는 아쉽고 서글픈 계절이니 조금이라도 더 정성을 들이고 싶었다. 그래서 새겨 넣을 그림을 하나하나 신중하게 결정하고, 밑그림도 정성껏 그려 넣었다. 그리고 소파에 몸을 파묻고 앉아 숨소리 외엔 아무것도 나지 않는 고요한 공간에서 한땀 한땀, 고대하던 가을에 가장 정성스러운 정찬을 차려 대접하듯 환대하는 마음으로 예쁜 색실을 새겨 넣었다.

"우리 집에 가을을 초대합니다"라는 환영문과 같은 벽걸이가 완성되었다. 산골짝의 도토리와 가을하면 가장 먼저 떠오르는 단풍,

낙엽, 한껏 높아진 하늘 아래에서 고요히 잠든 달님까지. 내 가을은 바람이 불어오는 언덕배기에 이미 서 있다. 가을 느낌 물씬 풍기는 차분한 색실로 조금씩 그림을 완성해나가며 나는 트렌치코트를 입고 아무도 없는 스산한 길을 걸어가는 상상을 한다. 그러다 빙글거리며 떨어지는 낙엽 하나를 줍기도 하다가 은행잎이 한가득 사탕처럼 매달린 정동길에서 가족들과 함께 낙엽사진을 찍는 모습을 그려본다. 가을이 이 세상에 온 것만으로도 내 마음은 높아진 하늘만큼 두둥실 떠오른다.

그리고 또 다른 계절 맞이 행사인 계절벽화는 예쁘게 생긴 은행잎 몇 개를 주워 깨끗이 씻어 말려두었다. 은행잎이 다 마르고 나면 우리 집 벽화는 노란색 은행나무로 변신해 있을 것이다. 자수

벽걸이는 집안에 발을 들여놓는 모든 이들이 지나는 현관 벽 한가
운데에 걸었다. 우리 집에 오시는 모든 분들께 가을을 드리기 위
해. 그리고 문을 열 때마다 한 움큼씩 가을을 우리 집으로 들여놓
기 위해.

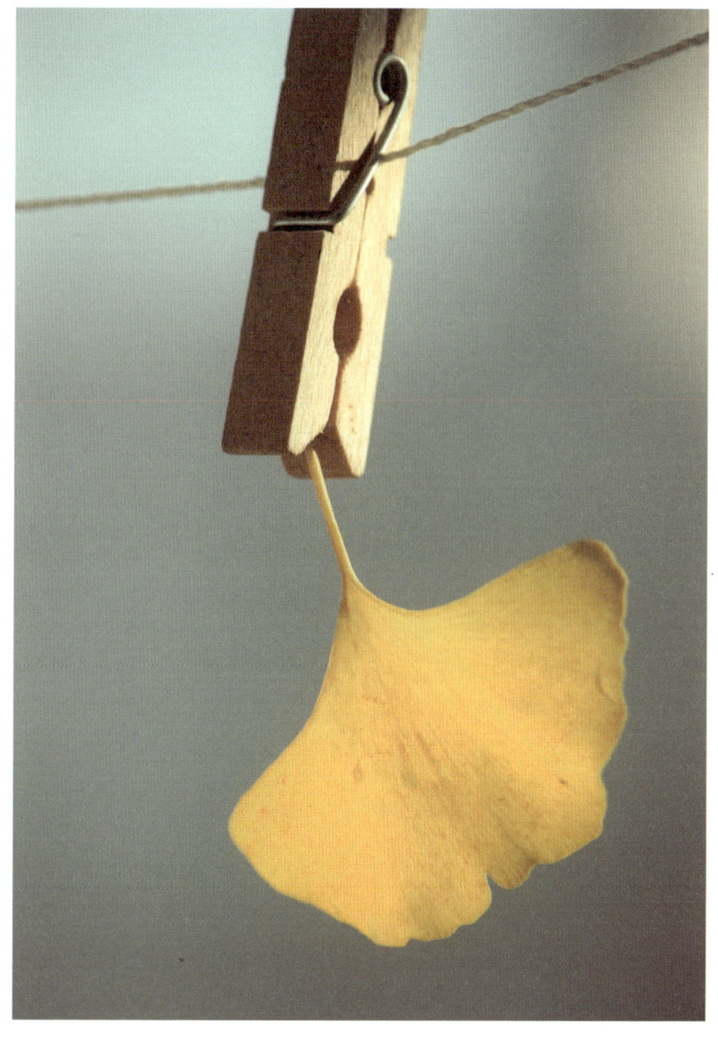

나를 키워가는 육아(育我)

어린 아기를 품에 안은 후부터 학업과 관련하여 구체적인 계획을 세운 적은 없다. 처음 아이를 낳고 다짐했던 것은 세 가지였다.

행복하고 긍정적인 아이로 키우자. 책을 좋아하는 아이로 키우자. 그것들을 위해 내가 먼저 좋은 사람이 되도록 노력하자.

그러다 아이가 학교에 입학하고 나서는 아이와 함께 세 가지를 약속했다.

책을 많이 읽자. 학교를 즐겁게 다니자. 스스로 생활하자.

그리고 그 이전에 내가 즐겁게 생활하며 스스로 잘하는 사람이 되자.

아이는 모든 것을 결국 부모를 통해 학습하는 존재다. 육아(育兒)란 결국 아이를 키우는 것이 아니라, 부모로서 내가 나를 키워나가는 의미로서의 육아(育我)였다. 아이를 낳고 나서 나의 모습에 더 많은 관심을 갖고 살게 되었다. 그렇게 부모의 생각을 아이와 자주 소통하며 나누는 것이 부모로서 할 수 있는 가장 최선의 육아방식이 아닐까 하는 생각을 많이 하게 된다.

스스로 실천하지 않으면서 아이에게 무조건 '해야 한다'고 강요하는 것보다 아이에게 직접 보여주고, 늘 대화를 나눈다면 그것으로 충분히 아이는 자극받고 자신의 삶을 살기 위해 노력한다는 사실은 나의 부모님을 통해 이미 내가 깨닫고 경험해온 것이다.

그러다 아이가 학교에 들어가고 공부를 하면서 나도 역시나 욕심이 생기고 말았다. 내 욕심만큼 잘 따라와주지 못할 때엔 화가 나기도 했다. 여태껏 지켜온 교육 방식에 대해 한번씩 되묻게 되기도 한다. 하지만 공부 또한 자신의 의지와 욕구에 따라 선택하고 즐길 수 있어야만 부작용 없이 성장할 수 있다는 생각을 하며 마음을 다잡게 된다.

내가 대학 강의를 하며 만났던 학생들 중에는 학창시절에 부모의 강요에 의해 혹독한 통제 아래 공부를 해서 학교에 입학한 경우도 있었다. 하지만 막상 대학에 들어와 꿈과 방향성을 잃고 삶에 대해 우울함을 느끼는 학생들의 모습에 씁쓸하고 안타까웠다. 남들보다 성적이 뛰어난 것으로 삶을 버텨오다가 막상 자신과 비슷한 학생들과 함께 지내다 보니 자신이 무능하고 쓸모없다고 느끼고 삶의 방향성을 잃어버린 것이다. 그 학생들은 공부만 잘하면 모든 게 다 해결된다는 부모님들의 말씀을 믿었다고 한다.

나는 아이가 자유롭고 행복하길 원한다. 그리고 누가 밑에서 들어 올려 주지 않아도, 스스로 발을 굴러 비상하길 원한다. 처음엔 손이 닿지 않아도 여러 번의 노력 끝에 언젠가 저 나뭇가지에 손이 닿을 것이라고 늘 옆에서 응원하며 믿어주는 것이 부모의 역

할이라 생각한다. 아직 어린아이의 엄마이기에 자식에 대한 확신
도, 자신도 할 순 없지만, 그저 아이와 늘 소통하고 아이의 마음에
늘 공감하는 엄마로 사는 것이 내가 해줄 수 있는 최선의 노력이
라 생각하며 지금도 노력 중이다. 좋은 엄마 그리고 그 이전에 좋
은 사람이 되기 위해.

　11월이면 매년 그래왔듯 우리 세 식구, 조촐하지만 서로에게 의
미 있는 우리만의 행사를 치르러 덕수궁으로 나들이를 간다. 덕수
궁까지 이어지는 정동길을 단풍질 무렵 산책하던 것은 결혼 전 혼

자 해왔던 나만의 행사였다. 그러던 것이 결혼을 하고부터는 남편과 둘이서, 아이를 낳고 아들이 크고 나서는 세 식구가 함께 단풍과 고궁길의 고즈넉함을 느끼러 온다. 이 길만이 가지고 있는 기품과 우아함은 앞으로 나이들어가며 내가 살고 싶은 삶과 무척 닮아 있다.

덕수궁부터 시작하여 정동극장으로 쭉 이어지는 낙엽 진 길을 순례하듯 천천히 걸으며 가을을 만끽한 뒤 늘 같은 장소, 이화여고 앞 보도블록에 서서 떨어진 은행잎을 카펫 삼아 세 식구의 발을 사진에 담는다. 매년 같은 장소지만 어느 땐 은행잎이 조금 덜 떨어져 있기도 하고, 또 은행잎의 빛깔이 유난히 밝을 때도 있다.

하지만 어떤 변화보다 더욱 의미 있는 변화는 사진을 찍어나갈 때마다 점점 커지는, 아이에서 소년으로 그리고 성인으로 커가게 될 어떤 녀석의 발이 아닐까. 한 장에서 두 장으로, 그렇게 한장 한장 차곡차곡 쌓이게 될 발사진 속에 우리 가족의 이야기가 담기게 될 것이다.

올 가을도 어김없이 같은 장소에서 사진을 찍었다. 사진기에 마주선 발을 담으며 또다시 다짐한다. 늘 이렇게 마주보며 살자. 힘들어도 서로 등지지 말고, 딱 지금처럼 그렇게 살자.

Small Indulgence

비우는 것을 생활화하며 살고 있기에 충동적으로 물건을 구입하거나 필요 없이 물건을 들이는 일이 거의 없다. 하지만 그런 와중에도 생활의 소소한 즐거움을 위해 작은 사치(Small Indulgence)를 누리곤 한다. 불필요하거나 충동적인 구매는 최대한 자제하지만 쌈짓돈을 모아 구입하는 물건은 생활의 활력소가 되어준다.

포스트잇

서점에 책 구경을 하러 가면 참새가 방앗간에 들르듯 꼭 지하 문구코너에 간다. 그곳에 가면 아기자기한 일러스트가 그려진 예쁘고 앙증맞은 문구류들이 많아, 늘 넋을 잃고 구경을 하게 된다. 어떨 땐 책 보는 시간보다 문구류 구경하는 시간이 더 길어질 정도로. 그러다 정신을 차려보면 어느새 꽃그림이 그려진 볼펜과 귀여운 무늬가 있는 포스트잇을 들고 계산대 앞에 서 있다. 분명 충동구매지만, 볼펜과 포스드잇은 늘 사용하는 물건들이니 헛돈을 썼다는 생각은 들지 않는다. 이 작은 물건들이 내게 주는 행복을 생각하면 그다지 낭비도 아니다.

LP

집에는 약 37년 된 턴테이블세트가 있다. 영국에서
아버지가 구입하신 후 친정집에 있다가 우리 집으로
건너온, 소중한 아버지의 유품이다. 너무 오래되어
낡고 지워지지 않는 때도 끼어 있지만, LP판을 걸면
특유의 지직거리는 정스러운 노이즈와 함께 멋진
음악을 나와 가족에게 선사한다. 함께 물려받은 LP
판 외에도 가끔씩 홍대 근처에 있는 중고 음반가게에
찾아가 산더미같이 쌓인 LP판 속에서 마음에 드는
것을 찾아 구입하곤 한다. 역시나 누군가의 손때가
묻었을 중고판을 들고 있으면, 아버지의 냄새를 맡고
아버지의 음성을 듣는 것 같아 행복하고 포근한 기분에
휩싸인다.

생활의 美學

Chapter
04

冬

겨울

나의 난방비 절약 노하우

경비 아저씨가 사인을 받으러 오셨다. 겨울철에 난방비를 많이 절약한 세대를 뽑아 상으로 쌀을 준다는 내용이었다. 우리 집이 그중 하나란다. 난방비가 비싸니 아끼려고 절약을 했는데, 절약했다고 상을 받으니 이게 웬 떡인가 싶다. 집안이 조금은 서늘하다 생각되게 실내 온도를 유지하기는 했지만, 가족 중에 감기 한번 심하게 앓은 사람 없이 그런대로 건강하게 겨울을 났는데.

조금은 원시적인 방법으로 나름의 보온을 했을 뿐이다. 서재 의자에 걸쳐 있는 두툼한 털 가디건은 새벽에 일어나 책상에 앉아 있을 때면 제일 먼저 걸치는 옷이다. 한겨울엔 평소에도 가디건을 걸친 채 실내에 있으니 크게 추운 줄 모르고 지낸다.

그리고 내가 좋아하는 보온 도구인 유단포(알루미늄 물통). 자기 전 끓인 물을 유단포에 넣고 주머니를 씌워 이불 속에 넣어두면 따뜻하게 잠자리에 들 수 있다. 가끔 정말 추울 때면 그냥 끌어안고 있기만 해도 된다. 배앓이를 자주 하시는 엄마는 틈날 때마다 배 위에 뜨뜻한 유단포를 올려놓는다고 하신다.

손발이 찬 내게 빼놓을 수 없는 겨울용품이 실내화다. 특히 겨울이면 발목까지 시린 나를 위한 슬리퍼는 발목까지 올라오는 형태다. 속에는 두툼한 털이 있어 실내에서 신고 있으면 땀이 나기도 한다.

그리고 마지막으로 애용하는 것이 담요다. 슬리퍼와 담요, 그리고 털 가디건을 걸치고 실내에 있으면 밤에 잠을 잘 때 외에 다른 시간엔 난방을 꺼놓아도 크게 상관이 없다. 비단 난방비를 절약하는 것에만 그치는 것이 아니라, 난방을 가동하기 위해 오염되는 환경이나 낭비되는 에너지에도 도움을 주니 여러모로 아날로그적인 방식은 훌륭하다.

예전에는 뜨거운 밥이 식지 않게 밥공기를 이불 아랫목에 넣어

두었던 때가 있었다. 이젠 집에서 스위치만 살짝 돌리면 내가 설정
한 온도에 맞춰 집안의 공기를 조절할 수 있는 세상이다. 사람이
란 무릇 '편리함'에 금세 적응하고 중독되는 동물인지라, 몇 단계
의 작업을 거쳐야 하는 유단포보다 난방에 더 많이 의지하게 된다.
　하지만 난방비의 핵폭탄이 두려워서, 또는 난방으로 인한 텁텁
한 공기 때문에 추운 겨울에도 적정온도 이하로 맞추고, 잠을 잘
때면 유단포를 이불 밑에 묻어놓는 걸 잊지 않는다. 가장 기본의
것은 늘 번거롭지만 '기본'이기에 그 가치는 세월이 지나도 소멸
되지 않는 것 같다.

레몬과자 속 사람 냄새

워낙 낯가림이 심한 나는 단골가게를 만들지 못한다. 숫기가 없어서 그런지 가게 주인과 안면을 트고 나중엔 사는 이야기까지 나누는 사람들을 보면 딴 세상 사람을 보는 것 같다. 한편으론 부럽기도 하면서 말이다. 하지만 집에서 제일 가까운 동네 가게를 오가며, 자주 얼굴을 내비치다 보면 내가 원하지 않아도 가게 주인이 내 얼굴을 알아보고 아는 척하고, 때론 아들과 함께 갈 때면 사탕이라도 한 개씩 건네주는 단골이 되기도 한다. 사람들로 북적이는 대형마트보다 지역 주민들을 상대로 장사하는 동네 슈퍼는 어쩌면 '사람냄새'를 맡을 수 있다는 점에서 다를 것이다.

그렇게 자주 드나드는 동네 슈퍼가 내게도 생겼다. 레몬으로 이것저것 만들다 보니, 그곳에서 레몬을 한두 개씩 사기도 한다. 그런데 갈 때마다 계산을 해주는 점원 아주머니가 레몬을 보더니 내게 물었다.

"레몬 가지고는 뭘 하세요?"

"뭐, 레몬청도 담그고, 레몬으로 과자도 굽고, 잼 만들 때 넣기도

하고……. 저는 많이 사용해요.”

수줍은 내 대답에 아주머니는 자기도 레몬청을 만들었는데 맛이 이상하단다. 가끔씩 레몬이 재고로 쌓이면 남는 것들을 고스란히 가져가는데, 그걸 가지고 별로 할 것이 없어서 늘 처치곤란이라고 했다. 그 말에 나는 농담 삼아 한마디 던졌다.

“그럼 남게 되면 저 몇 개 주세요.”

그런 대화가 있은 후 한참 후에 슈퍼에 들렀던 날, 아주머니가 내 얼굴을 보자마자 뒤편에서 비닐봉지를 꺼내들었다. 레몬이다. 이미 비닐봉지에 묶어 준비된 것을 보니, 갑자기 나를 보고 생각난 것이 아니라 나를 위해 미리 준비해둔 것이었다.

계산을 마치고 아주머니는 “며칠 전부터 준비해뒀는데, 계속 안 오시길래……. 그러다 보니 세 개 중에 한 개가 말라버렸네요. 이건 그냥 뺄게요”라며 비쩍 마른 레몬 하나를 빼고는 레몬 두 개가 든 비닐봉지를 건네주었다.

정말 감동이었다. 그냥 농담 삼아 던진 말을 기억하고 이렇게 미리 챙겨두었다니. 그저 슈퍼를 이용하는 많은 사람 중의 하나일 뿐일 텐데, 매일 드나드는 손님도 아닌 나의 지나가는 말을 기억한 것이 너무나 고마웠다. 아주머니야 남아돌아 골칫거리인 레몬을 처치해 개운했을지 몰라도, 애써 챙긴 물건을 공짜로 받은 사람에겐 그저 고마운 일이다.

뭔가 보답을 하고 싶은데. 뜻밖의 레몬을 선물로 받았고, 그걸 고맙게도 챙겨준 아주머니는 레몬을 가지고 무얼 만드는지 늘 궁금해 하셨으니 그 레몬으로 과자를 만들어 선물로 드리기로 했다.

반죽을 만들고, 선물로 받은 '바로 그 레몬'의 껍질을 갈아 반죽 속에 넣어 오븐에 노릇하게 구운 레몬과자. 그 위에 슈가파우더도 솔솔 뿌려 더 먹음직스럽게 만들어 예쁜 상자에 담았다. 그리고 아들과 함께 손을 잡고 마트에 들어가니 역시나 늘 그렇듯 아주머니는 계산대에서 다른 손님 물건을 계산하느라 바쁘다. 내 얼굴을 보자 생긋 웃고 아들에게 인사를 건네는 아주머니. 수줍게 웃으며 하얀 상자 하나를 건네자 눈을 동그랗게 뜨고 물으셨다.

"이게 뭐에요?"

"어제 레몬 주셨잖아요, 그래서……."

"아유, 남는 거 그냥 챙긴 건데 뭘 이런 걸 주고 그래요."

"그래도요. 이게 어제 주신 레몬으로 만든 과자예요."

그 말을 듣고는 아주머니의 얼굴이 햇살처럼 환해진다.

"어머나, 정말요? 이건 정말로 받아야겠네. 너무너무 고마워요."

소녀처럼 웃으며 작은 상자 하나에 기뻐하는 아주머니를 뒤로 하고 아들과 함께 손을 잡고 집으로 돌아오는 길. 제법 차가워진 겨울인데 바람이 따스했다. 작은 것이라도 마음이 오고가고, 사람 냄새를 서로 풍기는 관계라면 단골이라는 것도 꽤 괜찮은 것 같다.

Recipe

레몬과자
만드는 법

재료

달걀 130g, 설탕 100g, 꿀 30g,
바닐라오일 약간, 레몬제스트 1개 분량,
박력분 125g, 베이킹파우더 3g,
무염버터 125g

만드는 방법

1. 달걀을 그릇에 넣어 믹서로 푼 후 설탕과 꿀을 넣고 섞는다.

2. 1에 바닐라오일, 레몬제스트과 미리 체쳐둔 박력분, 베이킹파우더를 넣고 섞는다.

3. 냄비에 버터를 바글바글 1분가량 끓여 1~2분 식힌 후에 반죽에 조금씩 나누어 넣고 섞는다.

4. 반죽은 1시간 이상 냉장고에 넣어 굳힌다.

5. 틀에 3분의 2정도 채워 넣고 180도에서 예열된 오븐에 10분간 굽는다.

레몬과자의 레시피는 책《김영모의 행복한 빵의 세계》중 '허니 마들렌'을 참고했
다. 내 경우 마들렌 틀이 없어 미니 머핀틀에 넣어 굽고, 마들렌 모양이 아니기 때문
에 '레몬과자'라는 이름으로 부르고 있다. 일반 레시피보다 다소 복잡하지만 정말로
언제 먹어도 맛있는 우리 집 최고 인기 과자다.

그동안 참 많은 옷과 신발을 비워냈다. 낡아서, 작아져서, 너무 구식이라서, 그렇게 여러 이유로 틈날 때마다 옷장과 신발을 조금씩 비워나갔다. 그러다 보니 어느새 꽉 채워져 있던 공간에 조금씩 빈틈이 생겨나고, 그 틈은 해마다 더 커지고 있다. 그럼에도 옷장을 한 번씩 점검할 때마다 또 비울 것이 생긴다는 것이 얼마나 신기한지.

옷장의 절반을 차지하는 두터운 외투, 스웨터, 셔츠. 모든 옷장 문을 활짝 열고 하나하나 걸린 옷들을 훑어본다. 집을 한차례 비울 때면 늘 첫 번째로 점검하는 곳이 옷장과 신발장이다.

옆의 사진은 몇 년 전 나의 옷장 속 모습이다. 이 무렵만 해도 옷걸이에 꽤나 빽빽하게 걸려 있는 느낌이다. 선반에 접어 수납해 놓았던 옷들 역시 한번에 서너 장씩 쌓아 올려 보관하니, 옷을 넣고 빼는 것이 번거로운 경우가 많았다.

그래서 일단 옷장에 걸려있는 옷들을 끄집어내어 하나하나 살펴보았다. 체크무늬를 좋아하는 탓에, 같은 계절에 입을 수 있는

체크무늬 셔츠만 해도 다섯 벌이다. 이 중에서 내가 자주 입는 옷은 한두 장에 불과하니, 나머지는 걸어둔 채 자리만 차지하고 있는 것들이었다. 그래서 자주 입는 두 장을 제외한 나머지는 비워냈다. 그 외에도 서로 계절과 용도가 겹치는 옷이 있는 경우, 질이 좋고 자주 손이 가는 것만 남기고 나머지는 비우는 식으로 조금씩 공간을 넓혀갔다.

옷장 속에서 부피를 많이 차지하는 것이 겨울옷이다. 겨울옷의 경우 코트도, 니트류도 거의 항상 입는 것들만 입게 된다. 나의 패턴을 떠올려 보니 겨울 동안 파카 하나로 외투를 해결했고, 어쩌다 한번씩 경조사용으로 입어야 하는 코트 외에는 다른 외투는 필요하지 않았다.

옷장을 꽉 채우던 겨울옷 중에는 입는 것만 입고 몇 년째 자리만 차지하고 있는
것이 많았다. 자주 입는 코트와 셔츠 등만 남기고 과감히 비워냈다.

겨울 니트의 경우도 너무 낡아 보풀이 심하게 올라온 것, 보온 효과가 전혀 없는 것들을 추려 하나하나 비워냈다. 대신 하나만 입어도 몸을 따뜻하게 감싸주는 캐시미어 소재의 질 좋은 니트를 하나 구입하고, 하나를 구입하면 두 장을 비워가며 공간을 좀 더 넓혀갔다.

그렇게 해서 현재는 계절마다 자주 입는 좋아하는 30벌의 외출복이 옷장에 남았다. 사계절에 걸쳐 입을 외출용 옷이 모두 합쳐 30벌이라고 이야기하면 많은 이들이 깜짝 놀라 그것으로 여러 활

옷장 선반을 채우던 셔츠나 블라우스 등도 유행이 지났거나 언젠가는 입을 생각으로
두었던 것들을 비우고, 좋은 소재와 다양한 용도로 입을 수 있는 옷들만 남겼다.

동이 가능하냐고 묻는다. 경우에 따라 여러 벌의 옷이 필요한 사람도 있지만, 생활 패턴과 환경이 비교적 단순한 내게 30벌의 옷은 충분한 수량이다.

기본적인 옷 몇 벌로 과연 365일의 생활이 가능할까 고민된다면, 가진 옷들로 나만의 코디표를 작성해 보는 것도 좋은 방법이다. 내 경우 계절별 옷을 상의와 하의, 외투 등으로 서로 매치하여 직접 입어본 후 잘 어울리는 구성을 표로 작성하고 사진으로 찍어 옷장 문에 붙여 놓았다. 트렌치코트 한 벌에 바지와 셔츠, 스커트

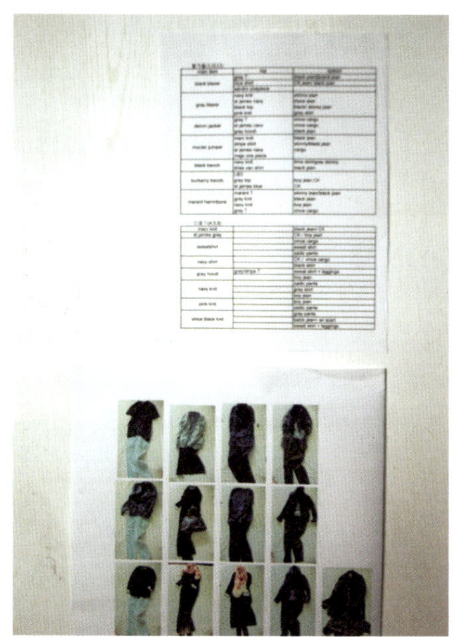

옷장 문에 붙여놓은 코디표. 갖고 있는 옷 목록을 적고 계절별 옷을
매치시킨 것을 사진으로 찍어놓으면 소유한 옷을 100퍼센트 활용할 수 있다.

와 티셔츠 등으로 구성을 달리하여 여러 경우를 작성해 보면, 기
본 아이템만으로도 충분히 다양한 옷차림을 할 수 있다는 것을 알
게 된다.

신발도 옷장과 마찬가지로 용도가 겹치는 신발을 먼저 비워냈
다. 같은 용도의 신발이 여러 켤레 있다 해도 결국 손이 가는 신발
은 항상 정해져 있기 때문이다. 나머지는 자리만 차지한 채 신지
않게 된다. 굽이 높은 하이힐을 신는 것이 점차 불편해지다 보니,
굽 높은 신발도 처분 대상이 되었다. 가장 자주 신고 그나마 굽이

자리만 차지한 채 신지 않는 굽 높은 구두는 비워내고
자주 신는 신발과 5센티미터 구두만 남겨두었다.

조금은 낮은 5센티미터짜리 경조사용 구두 한 켤레만을 남기고 굽 높은 구두는 모두 비워버렸다. 그런 과정을 거쳐 처음엔 바닥부터 꼭대기까지 나의 신발상자로 가득 차 있던 신발장은 12켤레만 남아 절반 이상의 공간이 남게 되었다.

옷과 신발만큼 나라는 존재를 명쾌하게 드러낼 수 있는 수단이 또 있을까. 어쩌면 그런 이유로 사람들은 옷차림새에 그렇게 신경을 쓰는지도 모르겠다. 하지만 다른 이에게 보여주기 위한 것이 아닌 진정 '나'를 설명하는 옷은 과연 몇 벌이나 될까. 지금도 여전히 나와는 거리가 먼 거추장스러운 것들을 하나하나 정리하며 가식과 포장을 한 겹씩 덜어내고 있다. 그리고 나로 살기 위해 보다 더 노력하게 된다. 모든 비움의 첫 번째 목적은 '나를 먼저 아는 것'에 있기 때문이다.

불혹의 나이에 진입한 지금 이렇게 비워가는 과정을 통해 진정 '나다운 나'로 사는 삶에 조금 더 다가갈 수 있길 바란다. 어울리지 않는 것, 거추장스러운 것, 실체 없이 미련만 있던 것들을 하나하나 떨구어내니 왠지 좀 더 나라는 존재에 더 다가서는 것 같다.

사계절, 내가 가진 옷의 전부

책과 추억의 물건 비우기

책장을 좀 '비웠다' 싶게 비우는 것은 여러 해 전부터 계획해왔던 일이었다. 책이라는 것은 오랜 동안 내게 도움을 주고 나와 함께해 온 것들이기에 차마 버리지 못하고 달고 다녔다. 그러다 마음을 독하게 먹고 책을 비우기 시작했다.

냉정하게 마음을 먹고 한권 한권 보다 보니 생각보다 버려야 할 것들이 눈에 많이 들어왔다. 이곳에 꽂혀있는 책은 한 권도 빼놓지 않고 다 꿰고 있다고 생각했는데, '여기에 이 책이 있었나?' 하는 것들도 눈에 띄었다. 학부 시절 구입해서 여태껏 가지고 있던, 한마디로 '아무짝에도 쓸모없게 된' 전공서적부터 세로줄로 된 고전문학, 심지어는 책이 있는 줄 모르고 같은 책을 구입한 것도 있었다.

먼저 처분대상이 된 것은 일회성으로 보고 마는 실용서적과 너무 방법론에 치우친 자기계발서적, 오래된 학부 시절 전공서적, 사 놓고 한번도 시도해보지 않은 요리책들, 그리고 내 관심사에서 너무나 멀어진 책들이었다. 그렇게만 추려내어도 얼추 책장 하나는

비워질 수 있을 것 같았다. 책을 비우면 책장도 함께 비는 것은 당연한 일, 책을 비우며 책상 옆에 놓였던 덩치 큰 책장도 재활용센터로 보내게 되었다.

한번 비우기 시작하자 속도가 붙어 얼마 후 또 다시 책을 추리기 시작했다. 이번에 어떤 책을 '비울까'에 초점을 맞추기보다, 정말로 소장가치가 있는 고전이나 인문서, 성장과정에서 늘 함께했던 책만 '남기는 것'에 집중했다. 그렇게 책을 정리하면서 이번엔 책상 맞은편에 자리 잡은 책장 또 하나를 재활용센터로 보냈다. 지나치게 낡은 것은 버리고, 아들이 읽던 책은 앞집의 귀여운 꼬마에게 물려주는 식으로 정리했다.

앨범과 각종 서류들도 마찬가지임을 정리하면서 깨닫게 되었다.
'언젠가는 읽을 것'이라고 놔두고 읽지 않는 책처럼 앨범 또한 '언
젠가 들춰볼 추억'이라며 놔두면서 과연 한 번은 열어보았는지. 특
히나 너무 오래된 옛날 사진은 살면서 한 번도 본 적이 없다는 것
을 깨달았다. 그러면서 산더미처럼 쌓여 자리만 차지하는 앨범들.
사진도 마찬가지로 어떤 것을 비울까 고민하기보다, 언제 봐도 추
억에 젖을 수 있을 것 같은, 삶의 과정에서 정말 중요한 순간이 담

부피를 많이 차지하는 큰 앨범들은 사진을
꺼내 봉투에 담아 크기를 줄이고 이후 사진은
CD나 USB에 보관하고 있다.

긴 사진만 남기기로 했다. 그랬더니 앨범이 아닌 예쁜 봉투 하나에
쏙 들어가게 되었고, 빼곡히 앨범이 꽂혀 있던 책꽂이엔 그래도 차
마 비우지 못한 아들의 아기 때 사진이 담긴 앨범만 남겨졌다. 그
리고 그 이후부터는 사진으로 인화하기보다는 CD나 USB 등에 저
장하여 보관하는 방식을 취하고 있다.

사방이 책으로 둘러싸여 있던 서재는 이제 다섯 개에서 두 개
의 책장이 사라지고 세 개만 남은 채 탁 트인 모습으로 변화했다.

처음엔 책을 정리하면 죄책감이 생길 줄 알았다. 망설임의 시간은 길었지만 막상 두 개를 오롯이 비우고, 쌓여 있던 먼지를 걸레로 싹싹 닦아내니 하지 못한 숙제를 마친 듯 홀가분하고 개운하다.

문득 TV 예능 프로그램에서 한 출연자의 냉장고에 대해 진행자가 '정리 잘된 쓰레기통'이라고 표현했던 것이 생각난다. 차곡차곡 잘 정리한 냉장고였지만 열어 보니 반찬은 곰팡이가 슬어 있고, 과일은 오래 방치한 채 먹지 않아 뭉그러져 버린 것들이 대부분이었다.

책장을 정리하며 그 말에 공감을 했다. 아무리 마음의 양식이라는 책이라도 먼지만 쌓이고 책벌레가 갉아먹도록 책장을 채우고 있다면, 어쩌면 서재가 아닌 정리 잘 된 쓰레기통에 불과하겠다는 생각이 들었다. 어떤 공간이든 다르겠는가. 깔끔한 수납도구로 정리정돈이 잘 되어 있어도 불필요한 것으로 채워져 있다면 그건 깨끗한 집이 아닌 정리 잘된 쓰레기통이나 다름없는 것이다.

엄청난 양의 짐, 그리고 그걸 처리하지 못해 몇 년간을 골머리 썩히고 있었던 마음의 짐을 모두 내려놓으니 정리 잘된 쓰레기통에서 진짜 '서재'로 만들었다는 만족감에 마음이 홀가분하다.

눈 오는 날 찐빵

아침부터 잔뜩 찌푸렸던 겨울 하늘. 당장이라도 눈이 올 것 같은 모양새였다. 눈이 온다했지. 그래, 누가 봐도 눈이 내릴 하늘이다. 찐빵을 만들어보자. 이스트를 넣은 밀가루 반죽을 치대어 작게 나눈 후 동글동글하게 빚어내니 하얀 눈을 둥글둥글 굴려 만든 눈사람의 몸통같이 되었다. 그 위로 팥소를 듬뿍 얹어 오므린 후 시중에서 파는 호빵처럼 얇은 유산지를 깔아주었다. 어릴 적엔 유산지에 들러붙은 빵을 긁어먹는 재미도 있었더랬다.

발효시켜 아기살처럼 부드러워진 빵을 김 오른 찜통에 얹고 밀가루가 포근포근 익을 때까지 쪄냈다. 도랑도랑 소리를 내며 물이 끓는다. 무거운 무쇠냄비의 뚜껑 틈을 비집고 모락모락 솟아오르는 김. 눈이 당장 내릴 듯 어두침침한 하늘과 베란다 문을 살짝만 열어도 추운 공기가 비집고 들어오는 날, 고요하게 공기를 타고 올라오는 김을 보고 있자니 마음이 차분히 내려앉는다. 내가 겨울 속에 있긴 하구나.

찌는 동안 더욱 통통해진 찐빵. 특유의 구수한 향기가 집에 퍼

져나간다. 통통한 빵을 손가락으로 꾹 눌러보니 쑤욱 들어갔다가 탄력 있게 올라온다. 우리집의 겨울 필수 간식, 찐빵이 완성되었다. 새하얀 빵 속에 푸짐하게 넣은 진한 자색의 핸드메이드 팥소. 김이 모락모락 나는 찐빵을 호호 불어가며 양쪽 손에 저글링하듯 왔다 갔다 하며 열기를 한김 날린 후 베어 물었다. 밖에는 결국 눈이 흩날렸다.

여름엔 신맛 도는 물에 사각거리는 오이를 띄운 오이냉국을 먹어야 하고, 봄엔 된장에 무친 쓴맛 도는 봄나물을 먹어야 하며, 가을엔 온갖 풍요로운 과실들을 원없이 먹어야 하는 것처럼, 그 계절에 딱 맞는 감성을 가진 음식들이 있다. 내겐 겨울 찐빵이 꼭 겨울에 먹어야 하는, 그래서 먹지 않고 겨울을 지내면 서운한 음식이다. 이렇게 눈 오는 날 찐빵을 쪄서 뜨거울 때 한 입 베어물고 나니 겨울철에 꼭 해야 할 일 하나를 끝마친 기분이 든다. 하늘에서 가볍게 날리는 눈송이처럼 마음이 홀가분해진다.

남편의 자랑거리, 커피캡슐 거치대

커피머신이 우리와 인연을 맺은 데는 특별한 사연이 있다. 친정 엄마가 거래하시는 은행에서 경품행사를 진행한 적이 있었는데, 경기도에서 커피머신에 당첨된 단 두 명의 고객 중에 엄마가 있었던 것이다. 커피를 전혀 드시지 않는 엄마가 내게 주시면서 예기치 못한 행운으로 들이게 된 것이 지금의 커피 머신이다.

그런데 커피캡슐을 담는 보관함의 가격이 만만치가 않다. 매장에서 판매하는 것들은 대부분 투명한 아크릴로 만들어진 단순한 네모 상자일 뿐인 데도 그렇다. 그걸 돈 주고 사는 것이 아깝다며 남편은 오랜 시간 효율적으로 캡슐을 보관할 수 있고, 공간도 많이 차지하지 않게 만들 수 있는 방법을 고민한 끝에 벽에 걸 수 있는 캡슐 거치대를 만들었다.

재료는 문구류를 파는 곳에서 쉽게 구할 수 있는 아크릴판 한 개와 나무 막대기다. 아크릴판이 뒤판이 되고, 폭이 좁은 나무 막대기 위에 좀 더 폭이 넓은 나무 막대기를 덧대고, 그렇게 만든 것을 캡슐의 폭만큼 간격을 떼어 위아래로 아크릴판에 부착했다. 캡슐

의 폭을 잘 조절하여 붙여주면, 나무 사이로 캡슐이 쏙 들어가면서도 위쪽의 나무 판에 걸려 떨어지지 않는다. 캡슐을 넣을 땐 뚫려 있는 한쪽 끝에서 안쪽으로 밀어 넣으면 된다. 화룡점정으로 아들이 위쪽에 '앗 뜨거워!'라는 글씨를 써넣었다. 다양한 색상의 캡슐들을 가지런히 넣어 놓으면, 그 자체가 예쁜 인테리어 소품처럼 느껴질 정도다.

거치대는 커피머신 바로 옆에 부착하여 곧바로 내려 마실 수 있도록 했다. 참 멋진 홈메이드 작품이다.

난 살림살이에 관련된 것들을 다루고 비우고 보관할 줄 아는 반면에 남편은 새로운 것을 고안하고 만들어내는 좋은 재주를 가졌

COFFEE

다. 나와 같은 커피머신을 집에 두고 커피를 마시는 지인들이 집에 놀러오면 남편이 만든 거치대를 늘 탐내곤 한다. 자기도 하나 가졌으면 좋겠다면서. 그걸 남편에게 말해주면 의기양양해서는 "재료비에 수공료만 주면 당장이라도 만들어주지"라며 목에 힘을 준다.

뚝딱뚝딱 뭔가를 만드는 손재주가 좋은 남편은 가구를 바꾸고 싶다는 말을 하면 본인이 만들겠다며 고집을 부린다. 어디 작은 거치대랑 덩치 큰 가구가 같은가. 그건 사양하련다. 그건 그냥 살게, 돈 주고. 거치대만으로도 충분해.

손쉽게 담그는 레몬청

가을에 담갔던 유자청이 벌써 바닥을 보이기 시작했다. 과실청을
그다지 즐겨하지 않는 남편도 웬일인지 유자청만큼은 아주 맛있
다며 저녁 때마다 한 잔씩 유자차를 마셨다. 그러다 보니 커다란
병 세 개가 꽉 차도록 유자청을 담았는 데도, 엄마 한 병 드리고 한
병은 이미 다 먹고 사라진 지 오래다. 남은 한 병도 4분의 1 정도가
사라졌으니, 당초 예상했던 것보다 훨씬 유자청이 빨리 떨어질 것
같다. 다른 과일청이라도 더 담가야 할 것 같았다.

이번엔 유자 대신에 언제 어디서나 볼 수 있는 레몬으로 청을
담그기로 했다. 과자로도 즐겨 굽고, 향 자체가 워낙 상큼하여 참
좋아하는 레몬. 겨울에 마시는 레몬차는 유자차만큼이나 감기에
도 좋다고 한다.

사들고 온 레몬은 베이킹소다를 솔솔 뿌려 박박 문질러가며 한
번 씻어준다. 이어 팔팔 끓는 물에 우르르 끓여 완전하게 소독을
해주었다. 그리고 레몬청을 담을 때의 관건, ‘쓴맛’을 없애기 위해
뽀족하게 오므려진 레몬의 양쪽 끄트머리를 숭덩 잘라낸다. 아울

러 씨도 제거한다. 이렇게 양쪽 끝을 잘라내고 씨만 제거해주어도 레몬청의 쓴맛은 거의 잡아줄 수 있다. 다행인 것은 깨알같이 씨가 박힌 유자와는 달리 레몬에는 씨가 많지 않아 상대적으로 작업이 수월하다는 것이다.

게다가 크기도 크지 않고, 유자처럼 과육과 껍질을 분리해 채를 썰 필요 없이 동글납작하게 몇 번 칼질만 해주면 된다. 그렇게 얇게 저민 레몬을 여느 과실청과 같이 과실의 무게와 동량의 설탕을 섞어 버무려 병에 담고, 약간 남긴 설탕으로 위를 덮어주면 레몬청 담그기는 끝이다.

그렇게 버무려 놓은 잠깐 동안에도 금세 레몬에서 즙이 빠져나와 물 한 방울 들어가지도 않은 병 속이 흥건해진다. 잘라낸 레몬 끄트머리는 바로 버리지 않고 싱크대와 나무 도마를 싹싹 문질러 닦아준다. 이것만으로도 살균소독이 되어주니 버릴 것 없고 실한 것이 레몬이다. 간단하게 담은 레몬청과 마지막 한 병 남은 유자청. 이것들만 보아도 한겨울이 두렵지 않다.

살림이란 인위적으로 해나가는 것이 아니라, 모든 살림 하나하나가 자연의 흐름과 순리에 고스란히 영향을 받으며 그에 따라 함께 변하고 흘러간다. 어릴 적 엄마가 동짓날 팥죽을 끓여주면 그냥 그런가 보다, 정월대보름에 말린 나물들로 오색 나물을 해주시면 왜 저렇게 번거롭게 일하시나 하며 넘겼던 것들이, 이제 내 손으로 차근차근 그것들을 해나가다 보니 자연의 섭리에 더욱 의지하게 되고 동화되어가는 것 같다.

　그래서 살림을 하는 사람이라는 것이 참 고맙다. 나로 하여금 인간으로서의 자만보다는 '자연의 일부'로 살 수 있게 해주어서 말이다. 이렇게 철마다 바뀌어가는 식재료들로 한철을 든든히 날 수 있는 식품을 만들고 향유할 수 있다는 것 또한 내가 자연에 닮아가는 방법 중 하나가 아닐까 싶다.

냉장고 속 재료만으로 밥 해먹기

기억이 나지 않을 정도로 옛날 일이지만, 엄마의 말씀을 들어보면 내가 아기였을 때만 해도 냉장고라는 것 자체가 없었단다. 그 땐 도대체 어떻게 먹을 걸 보관했느냐 여쭤보니, 쌀과 같은 곡식이야 실온에서 보관하는 것이니 상관이 없었고, 채소는 그때그때 시장서 사다가 곧바로 해먹었다고 하셨다. 어찌 보면 우리가 가장 신선하게, 가장 좋은 음식을 먹은 때는 냉장고가 없던 그 시절이었을지도 모르겠다.

우리 집 냉장고에는 먹거리가 많이 저장되어 있는 편은 아님에도 문을 열어 보면 제법 많은 반찬을 할 수 있는 재료가 있다. 그러다 연말이 되고 새해를 준비하는 시기에 묵은 것들을 정리하는 것처럼, 냉장고 속의 묵은 재료들도 의미 있게 정리한 후 신선한 것으로 채우고 싶다는 생각이 들었다.

새해 언저리가 되면 시골에 계신 이모께서 또 이런저런 먹거리들을 푸짐하게 올려 보내실 테니, 이참에 올해가 가기 전까지는 최대한 냉장고 속에 있는 재료만으로 반찬과 먹을거리들을 해먹기

냉장고 속에 있던 오이와 양파, 감자, 두부로
두부조림과 감자조림, 오이무침, 매시드포테이토를 만들었다.

로 결심했다. 자주 떨어지는 달걀이나 우유 등을 제외하고는 오직 현재 냉장고에 있는 것과 뒷베란다의 말린 재료들만으로 말이다.

그리하여 12월 한 달 동안 새로운 식재료의 추가 구입 없이 냉장고 속에 있는 재료로만 반찬과 주말 별식, 죽과 디저트까지 만들었더니 냉장고엔 여기저기 구멍이 숭숭 뚫린 것처럼 공간이 생겨났다. 냉장고에 여유가 생기는 만큼 식비 또한 절약된다. 냉장고 비우기를 하며 구입한 것은 우유 몇 개와, 달걀이 전부였으니 말이다.

어느 책에선가 유대인들은 한 달에 한 번씩 '냉장고를 비우는 날'을 정하여 냉장고 속 재료들로 음식을 해먹고 완전히 냉장고를

비운 후 신선한 새것으로 다시 채운다는 내용을 읽은 적이 있다. 최상의 재료로 만든 음식을 먹어야 우리 몸도 정화되고 건강해질 테니, 사실 가장 '비우는 작업'을 열심히, 부지런히 해야 하는 곳은 냉장고일지 모른다.

아직도 냉동실과 뒷베란다엔 반찬거리로 쓸 만한 것들이 제법 보인다. 대충 남아 있는 재료들을 살펴보며 식단을 구성해 보니 며칠간의 반찬은 장을 보지 않고도 해결할 수 있겠다는 생각이 든다. 유대인처럼 하루에 모든 음식을 싹 비워내지는 못하더라도 차근차근 비워내어 적어도 신선식품들은 해를 넘기기 전까지 모두 소진하리라.

계절을 모두 돌다

나무들은 앙상한 가지만 남았고, 카펫처럼 깔려 있던 낙엽들도 길 바닥에 몇 개만 데굴거리며 굴러다닐 뿐 찾아보기가 힘들어졌다. 아무리 아쉬워도 계절은 시간이 지남에 따라 흘러가는 법. 시간의 흐름을 막을 수 없다면 떠나는 계절은 다음을 기약하며 흔쾌히 떠나보내야 한다. 새로이 오는 계절을 기쁜 마음으로 맞아들여야 하지 않겠는가. 이젠 우리 집 벽에도 변화를 줄 때가 온 것 같다.

현관 옆 벽에 달려 있던 계절 벽걸이도 가을 것을 떼어내고 겨울을 주제로 수놓았다. 벌써부터 거리에서 흘러나오는 캐럴이 내 귓가에 남아 있는지, 자수 놓을 그림들은 온통 크리스마스와 관련된 것들이다. 밑그림대로 하나하나 색실로 수를 놓고는 테두리를 빨강색 천으로 마감했다. 겨울엔 왠지 빨간색이 있어야 분위기가 난다.

크리스마스 트리를 주제로 벙어리장갑과 양말, 눈송이, 종, 그리고 빨간 코의 루돌프와 눈사람, 진저맨 쿠키, 선물 등을 수놓았다. 여름만큼 겨울을 '두려워'하는 내가 그래도 겨울을 '설렘'의 계절

로 기다리게 해주는 것이 크리스마스의 풍요롭고 평화로운 분위기다. 그 하루의 즐거움과 행복감이 겨울 한철을 날 수 있게 해준다니, 참으로 대단한 날이다.

벽에는 하얀 눈꽃을 나뭇가지에 붙였다. 지난 봄 분홍색 벚꽃부터 시작하여 여름엔 초록빛 나뭇잎, 뒤이어 가을 은행잎을 거쳐 하얀 눈꽃이 가지에 매달렸다. 계절의 순환을 우리 집에서도 한 번씩 모두 경험한 셈이다.

벽화와 마찬가지로 벽걸이도 사계절을 모두 한 번씩 수놓게 되었다. 꽃이 주제였던 봄, 시원한 여름, 각종 과실들로 수놓아진 가

을 그리고 겨울까지. 그렇게 네 번의 벽화와 넉 장의 벽걸이가 바뀌는 동안 한해도 저물어가고 있다. 모든 순간이 유쾌하고 아름답지는 않았던 1년일지라도, '나'의 하루하루가 쌓여갔던 한해였기에 소중하고 귀한 날들이었다. 모든 것이 과거가 되면 아름답게 포장된다. 하지만 과거라고 미화하는 시간이 아닌, 그저 하루하루를 충실하게 최선을 다해 살아갔던 '오늘'의 일 년으로 한해를 기억하고 싶다. 그리고 다가오는 새해도 매 순간을 '지금, 여기'로 살아가도록 노력할 것이다.

사색하는 자에게도 따뜻함이 필요하다

우리 집에 산신령이 있다. 일명 '사색하는 브라우니'다. 청소를 하다 아들 방 침대 밑에서 발견한 것을 우연히 아들이 베란다에 갖다놓았다. 하염없이 밖을 내다보는 그 모습이 아무리 인형이라도 뭔가 생각하게 하는 바가 있어, 베란다에 완전히 터전을 잡고 우리와 함께 생활하고 있다. 한때 웬만한 연예인보다 더 많은 인기를 누리다 이제는 잊혀진 캐릭터지만, 잊혀져간 존재의 쓸쓸함보다 오히려 여유로움과 묘한 연륜이 느껴져 가끔은 이놈을 보며 내 삶을 같이 돌아보게 된다.

동장군이 맹위를 떨치는 겨울, 벌거벗고 있는 녀석이 쓸쓸하고도 춥게 보인다. 성찰하는 자의 여유로움과 풍요로움이 아니라, 추위에 벌벌 떨며 인생의 허무함을 곱씹는 괴로운 자처럼 보여 옷을 입혀주기로 했다. 서랍장 안에서 뭔가 쓰임새를 기다리던 구멍 난 양말 한 짝을 꺼냈다. 구멍 난 양말은 다른 용도로 가끔 쓰기 때문에 바로 버리지 않고 보관해둔다. 녀석을 앉혀놓고 구멍 난 양말의 엄지 부분은 브라우니의 앞발 한쪽이 나오는 구멍으로 사용하고,

나머지 앞발과 꼬리가 나와야 할 부분도 가위로 구멍을 냈다. 그렇게 양말 옷을 입고 있는 모습에 아들과 남편은 재미있다며 웃음을 터뜨렸다. 남편은 자르고 남은 양말로 비니까지 만들어 씌워주는 게 어떻겠냐는 참신한 제안까지 한다. 남편의 말대로 비니까지 만들어주면 완전한 겨울용 세트가 만들어지는 셈이니, 얼른 남은 양말로 모자를 만들어 씌워주었다. 머리부터 발끝까지 완벽한 착장에 가족들은 또 한번 웃었다.

이제 한겨울에 사색과 성찰을 방해하는 추위 때문에 벌벌 떨지 말고, 따뜻한 옷 입고 마음껏 사색하며 망중한을 즐기거라. 단순한 인형이 아닌 너로 인해 나도 함께 사색하며 살고 있으니, 따뜻한 양말 옷 입고 내게도 계속 사색하는 모습을 보여주렴.

겨울방학을 즐기는 방법

드디어 기나긴 방학이다. 연말연시 분위기에 취해 한동안 분주한 시간을 보내다, 평온한 일상이 찾아온 이후부턴 추위를 피해 집에서 책을 읽고 빈둥거리며 조용한 나날들을 보냈다. 어쩌다 한번쯤은 특별한 이벤트를 위해 밖으로 나가고 싶지만 쏘다니기엔 날이 추워 아들에게 물었다.

"우리 집에서 피크닉 할까? 마루에 돗자리 깔고 거기서 소풍 음식 먹고?"

"응! 응! 좋아!"

꼭 밖으로 나가야 피크닉인가. 고요함 속에서 여유라는 시공간을 만끽하는 것이 피크닉인데. 그렇게만 따지면 집이 최고가 아닌가. 그래도 소풍 분위기를 내보고 싶어 도시락 통을 꺼낸다. 냉장고에 있는 재료로 소풍용 주먹밥을 만들어 도시락 통에 넣고 과일도 담는다. 멀고 먼 거리, 부엌에서 거실 창가까지 피크닉 바구니를 들고 룰루랄라 피크닉을 떠난다.

돗자리 대신 담요를 깔고, 소풍 음식을 펼쳐놓고 있으니 다람쥐

처럼 아들이 담요 위에 자리를 잡고 앉는다. 소풍 떠난다며 새벽부터 분주하게 김밥를 만드시던 엄마의 정성은 아니지만, 홈 피크닉을 위해 나름 준비한 음식들을 풀었다. 간단히 만든 것 치고는 제법 맛있게 만들어진 주먹밥, 그리고 구색은 맞춰야 한다며 준비했던 과일을 디저트로 먹고, 따뜻한 차 한 잔까지. 집에서 즐기는 소풍이지만 할 것은 다 했다.

"어때? 집으로 떠나는 피크닉도 나름 괜찮지?"

"응, 진짜 재밌어!"

둘이 함께 마주앉아 별별 이야기를 다 나누었다. 엄마, 엄마. 우리 반에서 내가 달리기가 빠른 편인데, 나랑 라이벌인 애들이랑 언젠가 한번 겨뤄보고 싶어. 엄마, 엄마, 태권도장에서 피구해서 지난번엔 내가 백 명을 맞췄어! 백 명? 너랑 같은 시간에 태권도 오는 애들이 몇 명인데? 음…… 생각해 보니 백 명은 아니고, 다섯 명쯤 맞췄나봐. 으헤헤~ 엄마, 엄마…….

그러는 가운데 소풍 음식은 금세 먹어치우고, 두 모자는 나란히 쿠션을 머리에 베고 따뜻한 햇볕 아래 누워서 각자의 책을 읽었다.

그렇게 따스한 오후의 시간을 보낸 후, 아들에게 소풍이 어땠냐고 물으니 말없이 내게 다가와 볼에 뽀뽀를 한다. 그것 하나로 이미 대답은 충분히 들은 것이다. 방학이든 언제든 아이들은 일상에서 커다란 것을 바라지 않는다. 비싸고 화려한 물질보다 자신의 눈높이에서 함께 놀아주며 소통을 하는 것, 아이들은 그것만 있어도 충분히 즐겁다.

나만의 달력 만들기

마트에서 장을 볼 때면 우유에 작은 우유나 요구르트를 끼워 파는 경우가 있다. 그럴 때면 기왕 같은 값이라면 뭐라도 덤을 주는 걸 집어 든다. 우유나 요구르트는 어찌되었건 먹어서 소비를 하니까. 하지만 길을 걷다 광고문구나 브랜드명이 적힌, '하나도 예쁘지 않은' 부채나 책갈피 같은 것들은 백 개를 준다 해도 웃으며 거절한다. 있어도 잘 쓰게 되지도 않거니와 결국 집에 가져와도 버릴 것들이니까.

그래도 여태껏 공짜로 주는 물건 중 줄기차게 사용해왔던 것이 달력이다. 보험이나 은행 또는 뭐라도 한번 구입했던 매장에서 보내오는 달력은 고맙게 받아다가 요긴하게 사용해왔다. 그런데 업체 이름과 주소, 전화번호가 새겨진 달력을 집 가장 잘 보이는 곳에 떡하니 놓다보니 보기가 싫어진다. 거기서 더 이상 거래할 것도 없는데 자꾸 받아다 쓰는 것도 괜히 양심상 미안하고. 그렇다고 한 번도 돈 주고 산 적 없이 공짜로 받아쓰던 달력을 돈 들여 사는 것도 싫다. 그래서 직접 만들기로 했다.

일 년간 내가 찍어왔던 사진들을 살펴보니 직접 찍은 것들로 달력을 충분히 만들 수 있겠다 싶었다. 월별로 저장해놓았던 사진들 중 각 달에 어울릴 만한 사진들을 골라 열두 장을 현상했다. 그리고 각 달의 날짜와 요일을 프린트해 빳빳한 종이에 사진과 날짜를 붙여 엽서 크기로 잘랐더니 세상에 하나밖에 없는 달력이 완성되었다.

만들고 보니 생각보다 어렵지 않지만 기성품으로 구입하는 예쁜 달력들보다 화질도 선명치 못하고 질적으로 부족한 것이 사실이다. 하지만 내 시선으로 포착한 것들을 담은 사진을 붙이고, 하루하루의 날짜를 입력하고 중요한 날은 동그라미 쳐가는 과정이 내겐 모두 의미 있는 행위였다. 모든 날짜를 직접 입력하며 만든 달력에는 1년 365일 하루하루를 그냥 지나치지 않고 정성스레 꾸며나갈 것이라는 나의 의지가 담겨 있다.

보험사에서 나눠준 달력을 바라볼 때와는 다르게 달력을 바라볼 때마다 애정 어린 시선으로 매일을 바라보게 될 것이다. 그런 마음으로 하루하루를 맞이한다면 나의 하루를 보다 곱게 매만지며 살아갈 수 있지 않을까. 그래서 2년째 새해가 오기 전 직접 달력을 만들어 오고 있다. 아마도 앞으로도 그렇게 될 것 같다.

기부돼지 뱃속 비우는 날

아들 방 책꽂이에 나란히 서 있는 돼지 두 마리. 이것의 정체는 저금통이다. 그중 좀 더 오동통한 녀석의 용도는 바로 기부금을 모으는 것이다. 매달 얼마간의 용돈을 받으면 그중 천 원은 반드시 이 기부저금통에 넣어야 한다.

그렇게 조금씩 돼지 뱃속에 모인 것은 연말이 되면 싹 비워 기부를 하러 간다. 가끔가다 굴러다니는 동전들까지 눈에 보이면 기부돼지에게 밥을 주니, 약간의 동전들도 조금 더 모였다. 올해 아들의 기부돼지 뱃속에서 나온 금액은 총 13,400원. 소중하게 모은 돈을 봉투에 넣고 쓰고 싶은 말을 쓰라고 했더니, 자신이 이 기부금을 모은 사연이며 용처까지 구구절절 쓴다. 물론 나만 알아볼 수 있을 것 같은 글씨체로.

살뜰하게 모은 돈과 간절한 소망을 함께 담은 봉투를 꼭 쥐고 있는 여리고 고운 두 손. 녀석의 손은 무척 따뜻하다. 손의 온도와는 달리 쌀쌀하기만 했던 날, 마스크를 쓰고 중무장한 후 아빠와 엄마의 손을 하나씩 나눠 잡고, 녀석은 13,400원이라는 거금을 자선냄

"제가 이 돈은 제 용돈 8,000원에서 3,000원 깎아서 1년 동안 모았어요.
그러니까 이 돈은 돈 없는 사람들에게 전해주세요."

비에 쾌척하고 돌아왔다. 금액상으로야 사랑의 온도계의 온도가 올라가는 데 터무니없이 모자란 액수겠지만 작은 돈을 꾸준히 모아 행복한 표정으로 기부함에 봉투를 넣는 녀석의 마음 온도만은 오늘 가장 높지 않을까.

1년간 천 원짜리를 차곡차곡 뱃속에 품고 있던 돼지의 뱃속이 텅 비었다. 그렇게 또 하나를 비워내었다. 심플한 삶을 위한 살림살이를 비우는 것보다 훨씬 의미 있는 비움이다. 이런 따뜻한 비움

의 경험으로 아들이 비움의 가치와 도움의 가치, 그것이 가져다주
는 많은 것들의 의미를 아는 사람으로 성장했으면 좋겠다.

새해 결심

해마다 연말연시가 되면 며칠에 걸쳐 오랫동안 공들여 하는 것이 있다. 1년 전 이맘때쯤 내가 세웠던 계획들을 살펴보며 제대로 지켜왔는지 점검하고, 새해 계획을 구체적으로 세워가며 나름의 캘린더를 짜는 일이다. 먼저 노트에 생각나는 대로 끄적인 후, 그것을 다시 보기 편하도록 일목요연하게 엑셀로 작업하여 붙여놓는 것이다.

올해도 어김없이 머릿속에서 정리해둔 계획들을 표와 글로 인쇄하여 칠판머리에 붙었다. 예전에 적었던 계획표를 들춰보면 버거울 만큼 체계적인 모습이었다. 이제 나이가 들어가며 정확한 수치로 표현하는 통계자료 같은 계획은 세우지 않게 되었다. 단지 점점 시간이 갈수록 깜빡하는 일이 잦아지고 머릿속이 엉키는 일이 많아지니, 내 보기에 편하도록 정리해놓는 것이다.

또다시 노트에 계획들을 끄적여보았다. 무언가를 끄적이며 계획을 세운다고 해서 딱히 삶의 패턴이 극적으로 변화하는 것도 아니요, 없던 체계가 갑자기 생기는 것도 아니란 걸 알지만, 뒤엉켜 있

는 생각들을 글로 정리하는 것과 아무것도 하지 않은 채 놔두는 것 간에는 많은 차이가 있었다.

그래서 무언가 획기적이며 새로운 것들을 적는 것이 아니다. 늘 하고 있는 생각이며, 늘 실천하려 노력하며 살아온 방식 중에서 선명하게 정리되지 않았던 것들을 다시금 마음속에 새기는 작업을 하는 것이다.

그렇게 *끄적끄적 노트*에 적어내려가다 보니 '새해 결심'이라고 규정하기엔 조금은 추상적인 계획과 가치관들이 적혀 있다.

공부하며 살기.

늘 펄떡이는 물고기처럼 생기 있고 꿈을 품는 아이 만들기.

떠오르는 태양에 당당히 마주할 수 있는, 자연에 합당한 사람
이 되도록 노력하기.

비우며 살기.

그리고 나로 살아가기.

새해 계획은 하나도 달라진 것 없이 해마다 같았다. 하지만 나
이를 먹다 보면 같은 계획일지라도 실천해나가는 방법도, 계획에
대한 내 가치관도 그리고 계획에 임하는 마음의 자세도 달라져 있
었다. 어쩌면 인생에 있어 가장 큰 계획은 같은 계획을 다르게 지
켜나가는 내 모습에 마음을 기울이며 나의 본질을 찾아가는 것이
었다.

생활의 美學

초판 1쇄 발행 | 2016년 11월 21일
3쇄 발행 | 2020년 8월 14일

지은이 | 본질찾기
펴낸이 | 이한나
펴낸곳 | 세이지(世利知)
등록 | 2016년 5월 16일 2016-000022호
주소 | 경기도 군포시 용호2로 54번길 11
대표전화 | 070-8115-3208
팩스 | 0303-3442-3208
메일 | booksage@naver.com

ISBN 979-11-958070-3-1 13630